図解でわかる

労働基準法
いちばん最初に読む本

HRプラス社会保険労務士法人 著

特定社会保険労務士　　社会保険労務士　　　社会保険労務士
佐藤 広一／星野 陽子／大谷 源樹

アニモ出版

はじめに
労働基準法は働く人みんなが知っておきたい法律です！

　昭和22年（1947年）に施行された**労働基準法**は、「すべて国民は、勤労の権利を有し、義務を負ふ」とする勤労権のもと、「賃金、就業時間、休息その他の勤労条件に関する基準は、法律でこれを定める」と定める**日本国憲法27条**にもとづいて制定されました。

　労働基準法は、以下の３つの基本理念によって成り立っています。
①労働者が人たるに値する生活（＝健康で文化的な生活）を営むための必要を満たすべき水準の設定
②労働関係に残存する封建的な遺制（身分拘束）の排除
③最低労働条件の国際的基準の導入（戦前の劣悪な労働条件にもとづく生産、ソーシャルダンピングの排除）

　すなわち労働基準法は、強制労働やピンハネなどの悪しき封建的労働慣行を排除し、労働者が人たるに値する最低限の労働条件を確保するなど労働者保護の観点から立法化されたものです。
　その適用対象は、いわゆる正社員だけではなく、パートやアルバイト等の従業員も含めて、**日本国内で営まれる事業に従事するすべての労働者**です。
　また、直律効、補充効としての効力があり、労働契約、就業規則および労働協約において、労働基準法が定める基準を下回るような合意があったとしても、そのような合意は法律上、当然に無効であり、**無効となった部分については、労働基準法で定める基準が適用**されます。
　さらに、労働基準法は罰則付きの行政取締法規なので、労働基準法違反の行為については、刑事罰（罰金刑、懲役刑）が科せられる場合があります。

　いま、この労働基準法が施行以来、**70年ぶりの変革期**を迎えています。

政府は、一億総活躍社会の実現に向けた働き方改革を実行するため、首相を議長とする「働き方改革実現会議」を発足させ、政労使のトップと有識者によって以下の分野について議論を行ないました。

①同一労働・同一賃金など非正規雇用の処遇改善
②賃金引上げと労働生産性の向上
③罰則付き時間外労働の上限規制
④柔軟な働き方がしやすい環境の整備
⑤女性・若者の人材育成など活躍しやすい環境の整備
⑥病気の治療と仕事の両立
⑦子育て・介護等と仕事の両立、障がい者の就労
⑧雇用吸収力の高い産業への転職・再就職支援
⑨誰にでもチャンスのある教育環境の整備
⑩高齢者の就業促進
⑪外国人材の受入れ

　上記の議論のもと一部が法案化され、国会審議を経て、平成30年（2018年）6月29日にいわゆる「**働き方改革関連法**」が可決成立し、順次施行されています。
　とりわけ、労働基準法に関連する分野としては、以下について改正が行なわれています。

①時間外労働の上限規制の導入
②年次有給休暇の使用者による時季指定義務
③高度プロフェッショナル制度の創設
④フレックスタイム制の清算期間の延長
⑤月60時間を超える時間外労働の割増賃金率を50％以上とする中小企業に対する猶予措置の廃止

　今回の労基法改正の背景には、少子高齢化への危機感があり、わが国が今後もサスティナブル（持続可能性）な成長を遂げていくためには、働き方そのものを変えていくことが不可欠であり、いわゆる「昭和レジームからの脱却」に他なりません。
　これまでの正社員像は、辞令一つでどのような仕事も、どのような場

所でも、長時間労働をしてでも業務をなし遂げなければならず、これらに対応できない境遇にある人は、正社員として働くことが叶いませんでした。

少子高齢化社会においては、そのような正社員像に固執していると、わが国の持続的な成長は見込めないため、**多様な正社員、多様な働き方**が求められるようになったのです。

本書は、労働基準法について改めて整理を行ない、加えて働き方改革関連法の概要とたびたび改正が重ねられている労働契約法について、図表を交えながらわかりやすくまとめたものです。

これから人事労務に携わる新任人事パーソン、労働基準法を改めて学び直そうと考えている方にとって、役立つ座右の書となればとても嬉しく思います。

なお、本書の上梓に当たりまさにプロフェッショナルな仕事ぶりで執筆を導いていただいた編集の小林良彦様に御礼申し上げます。ありがとうございました。

新しい年号である「令和」元年5月吉日

ＨＲプラス社会保険労務士法人
代表社員／特定社会保険労務士
佐藤 広一

本書の内容は、2019年4月20日現在の法令等にもとづいています。

はじめに

労働基準法は働く人みんなが知っておきたい法律です！ ——— 2

1章 ◎ 労働基準法等の改正概要

「働き方改革関連法」で何がどう変わったのか

1 労働施策総合推進法の目的と効果 ——— 14
2 月60時間超の時間外労働に対する割増賃金率の適用 ——— 16
3 時間外労働の上限規制 ——— 18
4 36協定の特別条項の発動要件 ——— 20
5 時間外労働の上限規制の経過措置・猶予措置 ——— 22
6 年5日以上の年次有給休暇の確実な取得 ——— 24
7 年休を前倒し付与した場合の時季指定義務の特例① ——— 26
8 年休を前倒し付与した場合の時季指定義務の特例② ——— 28
9 年休の時期指定義務に関するその他の留意事項 ——— 30
10 フレックスタイム制の清算期間拡大① ——— 32
11 フレックスタイム制の清算期間拡大② ——— 34
12 「高度プロフェッショナル制度」の創設 ——— 36
13 勤務間インターバル制度の導入・促進 ——— 38
14 労働時間の客観的な把握 ——— 40
15 産業医・産業保健機能の強化 ——— 42
16 労働者の心身の情報に関する情報の取扱い ——— 44
17 医師の面接指導が必要な労働者 ——— 46
18 パート・有期労働法による同一労働・同一賃金のルール ——— 48
19 有期雇用労働者に対する事業主の説明義務と履行確保措置 ——— 50

20	派遣労働者の同一労働・同一賃金	52
21	労使協定による派遣労働者の待遇確保	54
22	派遣労働者にかかる就業規則の作成等の手続き	56
23	派遣先における適正な派遣就業の確保等	58

なるほどQ＆A① 兼業・副業している場合の労働時間は？　60

2章 ◎ 労働基準法「総則」

労働基準法とはどんな法律か

24	労働基準法の適用範囲	62
25	「労働者」とは	64
26	「使用者」とは	66
27	労働基準法の基本原則	68
28	前近代的な拘束の排除	70

なるほどQ＆A② 職場のハラスメントとは？　72

3章 ◎ 労働基準法「労働契約」

労働契約、解雇について知っておきたいこと

29	労働契約の効力	74
30	契約期間に関するルール	76
31	労働条件の明示義務	78
32	解雇に関する制限	80
33	解雇予告が必要な場合	82

34 退職時等に必要な措置 ―――――― 84
なるほどQ&A③ 書面交付以外の労働条件の明示方法とは？ 86

4章 ◎ 労働基準法「労働時間、休憩、休日」

労働時間と休憩・休日のルールはこうなっている

35 労働時間とはそもそも何か ―――――― 88
36 労働時間適正把握ガイドラインとは ―――――― 90
37 法定労働時間と所定労働時間 ―――――― 92
38 １か月単位の変形労働時間制とは ―――――― 94
39 １年単位の変形労働時間制とは ―――――― 96
40 フレックスタイム制とは ―――――― 98
41 １週間単位の非定型的変形労働時間制とは ―――――― 100
42 事業場外労働のみなし労働時間制とは ―――――― 102
43 専門業務型裁量労働時間制とは ―――――― 104
44 企画業務型裁量労働時間制とは ―――――― 106
45 休日とはそもそも何か ―――――― 108
46 振替休日と代休の違い ―――――― 110
47 休憩時間のルール ―――――― 112
48 時間外労働・休日労働とは ―――――― 114
49 ３６協定の締結のしかた ―――――― 116
50 特別条項付き３６協定とは ―――――― 118
51 深夜労働の留意点 ―――――― 120
52 労働時間・休憩・休日の適用除外 ―――――― 122
なるほどQ&A④ テレワークと労働基準法の適用は？ 124

5章 ◎ 労働基準法「年次有給休暇」

年次有給休暇の取り方・与え方と注意点

53	年次有給休暇の発生要件と付与日数①	126
54	年次有給休暇の発生要件と付与日数②	128
55	年次有給休暇の取得のしかた	130
56	年次有給休暇の取扱いに関する注意点	132

なるほどQ&A⑤　休職の場合の取扱いは？　134

6章 ◎ 労働基準法「賃金」

賃金、割増賃金の決め方・払い方

57	賃金とはそもそも何か	136
58	均等待遇と最低賃金	138
59	賃金支払いの5原則と非常時払い	140
60	割増賃金の計算のしかた	142
61	休業手当とは	144
62	強制貯金の禁止と任意貯蓄	146

なるほどQ&A⑥　退職金の支払いは必要？　148

7章 ◎ 労働基準法「年少者」「妊産婦等」

年少者・女性の取扱いで注意すること

| 63 | 年少者の労働契約に係る規制 | 150 |

CONTENTS

64	年少者の労働時間・休日の取扱い	152
65	年少者に対する深夜業の取扱い	154
66	年少者の就業制限	156
67	妊産婦等の就業制限	158
68	産前産後に必要となる措置	160

なるほどQ&A⑦ 育児・介護休業法とは　162

8章 ◎ 労働基準法「就業規則」

就業規則の作成のしかたと記載事項

69	就業規則の作成・変更のしかた	164
70	就業規則の内容と形式をどうするか	166
71	減給の制裁の定め	168
72	就業規則と労働協約等との関係	170

なるほどQ&A⑧ 労働条件の不利益変更の注意点は？　172

9章 ◎ 労働基準法「雑則」その他

技能者の養成、寄宿舎等に関する取扱い

73	技能者の養成、職業訓練に関する取扱い	174
74	寄宿舎に関する取扱い	176
75	法令等の周知義務と帳簿の作成等	178
76	監督機関の組織と役割	180

なるほどQ&A⑨ 障がい者の雇用義務とは？　182

10章 ◎ 労働契約法の基礎知識

労働契約については
労働契約法の規定も欠かせない

- 77　労働契約の基本原則 ——————————————— 184
- 78　労働契約と就業規則 ——————————————— 186
- 79　権利の濫用と有期労働契約 ———————————— 188
- 80　無期転換ルールとは —————————————— 190
- 81　雇止めのルールとは —————————————— 192
- 82　不合理な労働条件の禁止 ————————————— 194

　なるほどQ&A⑩　地方労働行政運営方針とは　196

おわりに　197

カバーデザイン◎水野敬一
本文ＤＴＰ＆図版＆イラスト◎伊藤加寿美（一企画）

労働基準法等の改正概要

「働き方改革関連法」で何がどう変わったのか

1 労働施策総合推進法の目的と効果

施行日　大企業　平30.7.9／中小企業　平30.7.9

これまでの雇用対策法から改称

　これまでわが国の雇用政策の対策を示してきた「雇用対策法」が名称を変更し、「労働施策の総合的な推進並びに労働者の雇用の安定及び職業生活の充実等に関する法律」（通称「**労働施策総合推進法**」）に改められました。

　「対策」から「推進」という変化からわかるように、労働施策総合推進法は、労働施策を総合的に講じることにより、労働者の多様な事情に応じた雇用の安定および職業生活の充実、労働生産性の向上を促進して、労働者がその能力を有効に発揮することができるようにし、その職業の安定等を図ることが目的とされています。

　すなわち、**働き方改革の基本法に位置づけられる**のが労働施策総合推進法であり、同法は「長時間労働等の是正対策」と「非正規雇用の格差是正」（同一労働・同一賃金）について、国も労働市場への介入に乗り出すことを明確化しています。

　また、新たに国が「労働者がその有する能力を有効に発揮することができるようにするために必要な労働に関する施策の総合的な推進に関する基本的な方針」（以下「基本方針」）を閣議決定のうえ、定めることとしています。

労働者の職業が安定し、職業生活が充実する

　これを受け、労働施策総合推進法にもとづいて、「**労働施策基本方針**」が示され、長時間労働の是正、過労死等の防止、中小企業等に対する支援・監督指導など、労働施策ごとの基本的な考え方や中長期的な方向性が示されました。

　また、労働者は、その職務の内容および当該職務に必要な能力等の内容が明らかにされ、ならびにそれらを踏まえた評価方法に即した能力等の公正な評価および当該評価にもとづく処遇その他の措置が効果的に実施されることにより、その職業の安定および職業生活の充実が図られるように配慮する必要があります。

14

◎労働施策基本方針とは◎

第1章 労働者が能力を有効に発揮できるようにすることの意義	●働き方改革の必要性 ●働き方改革推進に向けた基本的な考え方 ●本方針にもとづく働き方改革の推進
第2章 労働施策に関する基本的な事項	①労働時間の短縮等の労働環境の整備 ②均衡のとれた待遇の確保、多様な働き方の整備 ③多様な人材の活躍促進 ④育児・介護・治療と仕事との両立支援 ⑤人的資本の質の向上、職業能力評価の充実 ⑥転職・再就職支援、職業紹介等の充実 ⑦働き方改革の円滑な実施に向けた連携体制整備
第3章 その他の重要事項	●下請取引に関する対策強化 ●生産性向上のための支援 ●職業意識の啓発・労働関係法令等に関する教育

働き方改革の効果
- 労働参加率の向上
- イノベーション等を通じた生産性の向上
- 企業文化・風土の変革
- 働く人のモチベーションの向上
- 賃金の上昇と需要の拡大
- 職務の内容や職務に必要な能力等の明確化、公正な評価・処遇等

など

めざす社会

誰もが生きがいをもって、その能力を有効に発揮することができる社会

多様な働き方を可能とし、自分の未来を自ら創ることができる社会

意欲ある人々に多様なチャンスを生み出し、企業の生産性・収益力の向上が図られる社会

1章 労働基準法等の改正概要

「働き方改革関連法」で何がどう変わったのか

職務記述書
(JOB Description)

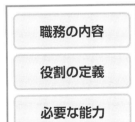

- 職務の内容
- 役割の定義
- 必要な能力

評価

処遇（賃金決定）

2 月60時間超の時間外労働に対する割増賃金率の適用

施行日　中小企業　令5.4.1

中小事業主に対する適用猶予の廃止

　2010年の労働基準法改正により大企業についてはすでに、月60時間を超える時間外労働に対して、その超えた労働時間に**5割以上の率で計算**した**割増賃金**の支払義務があります。

　しかし中小企業については、その適用がこれまで猶予されていました。この適用猶予の規定が、**2023年4月1日に廃止**されます。すなわち、中小企業においても同日以降は、1か月60時間超の時間外労働の割増賃金率を2割5分以上から5割以上にする必要があります。

　ここでいう「1か月」とは、暦による1か月で、その起算日は労基法89条2号の「賃金の決定、計算および支払いの方法」として就業規則に記載する必要があります。

　1か月の起算日は、「毎月1日」「賃金計算期間の初日」「時間外労使協定における一定期間の起算日」等が考えられますが、就業規則等に起算日の定めがない場合は、労使慣行等から別意に解されない限り、**賃金計算期間の初日を起算日**として取り扱います。

月60時間のカウントのしかた

　「60時間を超える時間外労働」については、1か月の起算日から時間外労働時間を累計して60時間に達した時点より後に行なわれた時間外労働をいいます。なお、法の施行日である2010年4月1日を含む1か月については、施行日から時間外労働時間を累計して60時間に達した時点より後に行なわれた時間外労働になっているので、2023年4月1日の中小企業への適用も同様の措置が取られるものと考えられます。

　法定休日労働は、あくまで労基法35条（1週間に1回、4週で4日の休日を与えること）にもとづく休日（**法定休日**）における労働であり、時間外労働とはなりません。他方、法定休日以外の休日労働（**所定休日**）は、時間外労働となり、月60時間のカウントの対象となります。

　なお、1か月の時間外労働が60時間に達した時点より後に行なわれた深夜労働については、7割5分以上の割増賃金率になります。

◎適用猶予が廃止される「中小事業主」の範囲◎

業種	資本金の総額		常時使用する 労働者数
小売業	5,000万円以下	または	50人以下
サービス業	5,000万円以下	または	100人以下
卸売業	1億円以下	または	100人以下
上記以外	3億円以下	または	300人以下

◎法定休日労働と所定休日労働の取扱い◎

日 （法定休日）	月	火	水	木	金	土
	1 （5時間）	2 （5時間）	3	4 （5時間）	5 （5時間）	6
7 （5時間）	8	9 （5時間）	10 （5時間）	11	12 （5時間）	13 （5時間）
14 （5時間）	15	16	17 （5時間）	18 （5時間）	19	20 （5時間）
21	22 （5時間）	23	24	25	26 （5時間）	27
28	29	30 （5時間）	31 （5時間）			

カウント
しない

月60時間を超える時間外労働

カウント
する

3 時間外労働の上限規制

施行日　大企業　平31.4.1／中小企業　令2.4.1

法定労働時間、法定休日と３６協定

　労働基準法（労基法）32条において、労働時間は原則として、**１日８時間、１週40時間以内**とされています（**法定労働時間**）。

　また、労基法35条において、休日は原則として**毎週少なくとも１回、あるいは４週４日を付与**することを使用者に義務づけています（**法定休日**）。

　労基法には刑事罰が定められており、これらの規定に違反した場合、6か月以下の懲役または30万円以下の罰金が科されることになります（同法119条）。

　さらに使用者は、法定労働時間を超えて労働者に時間外労働を命じる場合や、法定休日に労働させる場合には、労基法36条にもとづく「**時間外労働・休日労働に関する協定**」（いわゆる「**３６協定**」）を締結し、所轄の労働基準監督署長へ届け出ることによって免罰的効果が生じます。つまり、３６協定を締結・提出して初めて、労基法32条あるいは35条違反に問われないことになるのです。

時間外労働の上限は法律に規定された

　これまでの３６協定で定める時間外労働については、厚生労働大臣による「労働基準法第36条第１項の協定で定める労働時間の延長の限度等に関する基準」（平10.12.28／労告154、最終改正：平21.5.29／厚労告316）、いわゆる「**限度基準告示**」が示され、時間外労働の上限の基準が定められていました。

　しかし、この限度基準告示による上限は、罰則による強制力がなかったため、今回の法改正によって限度基準告示が**法律に格上げ**され、**罰則が設けられる**ことになったのです。

　法律に格上げされた時間外労働の上限は、通常予見することが可能であるとされる時間外労働について、原則として月45時間、年360時間（１年単位の変形労働時間制の場合は月42時間、年320時間）とされ、**臨時的な特別の事情**がなければこれを超えることはできません。

◎時間外労働の限度基準の改正前と改正後◎

	改 正 前	改 正 後
性　　質	厚生労働大臣による限度基準告示	法律（労基法36条）
上限基準	<table><tr><td rowspan="2">期　間</td><td colspan="2">限度時間</td></tr><tr><td>原　則</td><td>1年変形</td></tr><tr><td>1週間</td><td>15時間</td><td>14時間</td></tr><tr><td>2週間</td><td>27時間</td><td>25時間</td></tr><tr><td>4週間</td><td>43時間</td><td>40時間</td></tr><tr><td>1か月</td><td>45時間</td><td>42時間</td></tr><tr><td>2か月</td><td>81時間</td><td>75時間</td></tr><tr><td>3か月</td><td>120時間</td><td>110時間</td></tr><tr><td>1年間</td><td>360時間</td><td>320時間</td></tr></table>	<table><tr><td rowspan="2">期　間</td><td colspan="2">限度時間</td></tr><tr><td>原　則</td><td>1年変形</td></tr><tr><td>1か月</td><td>45時間</td><td>42時間</td></tr><tr><td>1年間</td><td>360時間</td><td>320時間</td></tr></table> ただし、1か月未満の期間で労働する労働者の時間外労働に目安時間あり。
罰　　則	なし	あり

◎厚生労働省が示す「臨時的に必要がある場合」の例示◎

- 予算、決算業務
- ボーナス商戦に伴う業務の繁忙
- 納期のひっ迫
- 大規模なクレームへの対応
- 機械のトラブルへの対応

　しかし、臨時的な特別の事情について労使で協定した場合には、当該上限基準を超えて労働させることができます（いわゆる「**特別条項付き36協定**」）。

4 ３６協定の特別条項の発動要件

施行日 大企業 平31.4.1／中小企業 令2.4.1

法定休日労働時間は含まれるのか？

臨時的な特別の事情があって、３６協定の特別条項を発動する場合でも、以下の①〜④を遵守しなければなりません。

①上限は年720時間（法定休日労働を除く）

②法定休日労働を含み、２か月、３か月、４か月、５か月、６か月それぞれの平均で80時間以内（次ページ図を参照）

③法定休日労働を含み、単月で100時間未満

④原則である月45時間の時間外労働を上回る回数は、年６回が限度

ここでのポイントは、②「２〜６か月それぞれの平均80時間以内」と、③「単月100時間未満」には法定休日労働時間が含まれますが、①「上限である年720時間」には法定休日労働時間が含まれないことです。

そもそも、時間外労働と法定休日労働は異なる概念であり、別個に管理すべきものです。すなわち、原則的上限基準（月45時間、年360時間）も、特別条項の限度時間（年720時間）も、あくまでも時間外労働の限度時間であって、法定休日労働は含まれません。

その原則の下で、今回の法改正によって例外的に、「２〜６か月それぞれの平均で80時間以内」と「単月100時間未満」には法定休日労働を含めて上限が設定されたと理解しましょう。

これは、脳血管疾患および虚血性心疾患等の認定基準（平13.12.12基発1063）という労働安全衛生法上の概念における労働時間の解釈であり、そのため法定休日労働時間が含まれる点で、労基法上の労働時間の定義と異なるのです。

また、原則的上限基準（月45時間、年360時間）と特別条項の限度時間（年720時間）および特別条項の発動回数の上限（年６回）は、事業場における時間外・休日労働協定の内容を規制するものであり、これに対して「２〜６か月それぞれの平均で80時間以内」と「単月100時間未満」という上限は、労働者個人の実労働時間を規制するものです。

したがって、特定の労働者が転勤した場合、前者は通算されませんが、

◎特別条項を発動する場合の上限時間の内訳◎

区分	内容	時間外労働	法定休日労働
原則	1か月　45時間 1年　360時間	含む	**含まない**
例外①	1か月　100時間未満	含む	含む
例外②	2か月ないし6か月のそれぞれの期間における1か月当たりの平均80時間以内	含む	含む
例外③	1年　720時間	含む	**含まない**

◎上限基準が規制する対象は？◎

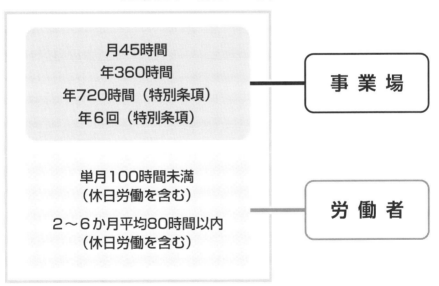

後者は労基法38条1項の規定により、通算して適用されることになります。

5 時間外労働の上限規制の経過措置・猶予措置

施行日 大企業 平31.4.1／中小企業 令2.4.1

中小企業に対する猶予措置

　時間外労働の上限規制の施行日は、2019年4月1日ですが、**中小企業に対しては1年間の猶予措置**が認められ、**2020年4月1日**からの適用となります。

　中小企業の範囲については、中小企業基本法2条1項の定めに従い、「資本金の額または出資の総額」と「常時使用する労働者の数」のいずれかが基準を満たすこととされており（次ページ表を参照）、業種の分類は事業場単位ではなく、企業単位で判断されます。

上限規制には経過措置がある

　時間外労働の上限規制の施行に当たっては、**経過措置**が設けられており、2019年4月1日（中小企業は2020年4月1日）以後の期間のみを定めた36協定に対して上限規制が適用されます。

　つまり、施行前と施行後にまたがる期間の36協定を締結している場合には、当該協定の初日から1年間に限って当該協定が有効となり、4月1日開始の協定を締結し直す必要はありません。

猶予・除外される事業・業務

　新たな技術、商品または役務の研究開発に係る業務については、時間外労働の上限規制の適用が除外されます。

　なお、ここでいう「新たな技術、商品または役務の研究開発に係る業務」とは、「専門的、科学的な知識、技術を有する者が従事する新技術、新商品等の研究開発の業務をいい、既存の商品やサービスにとどまるものや、商品をもっぱら製造する業務などはここに含まれない」とされています（平30.12.28基発1228第15）。

　ただし、研究開発業務に従事する者の時間外・休日労働時間が月100時間を超えた場合は、医師の面接指導が罰則付きで義務づけられています。一方、次ページ下表の事業・業務については、労働時間の上限規制が5年間（2024年3月31日まで）猶予されます。猶予期間中および猶予期間以降の取扱いについては、業種により差があります。

22

◎中小企業基本法による中小企業の範囲◎

業　種	基準（下記のいずれかを満たすこと）	
	資本金の額または出資の総額	常時使用する労働者の数
小売業	5,000万円以下	50人以下
サービス業	5,000万円以下	100人以下
卸売業	1億円以下	100人以下
製造業、建設業、運輸業、その他	3億円以下	300人以下

◎経過措置のイメージ◎

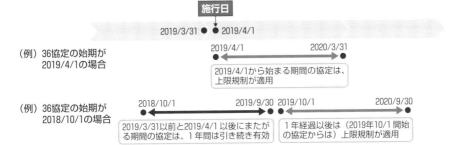

◎事業・業務に応じた上限規制の猶予および猶予後の取扱い◎

事業・業務	猶予期間中の取扱い（2024年3月31日まで）	猶予後の取扱い（2024年4月1日以降）
建設事業	上限規制は適用されない	●災害の復旧・復興の事業を除き、上限規制がすべて適用される ●災害の復旧・復興の事業に関しては、時間外労働と休日労働の合計について、 ・月100時間未満 ・2～6か月平均80時間以内 とする規制は適用されない
自動車運転の業務		●特別条項付き36協定を締結する場合の年間の時間外労働の上限が年960時間となる ●時間外労働と休日労働の合計について、 ・月100時間未満 ・2～6か月平均80時間以内 とする規制は適用されない ●時間外労働が月45時間を超えることができるのは年6か月までとする規制は適用されない
医師		具体的な上限時間は今後、省令で定めることとされている

6 年5日以上の年次有給休暇の確実な取得

施行日　大企業　平31.4.1／中小企業　平31.4.1

使用者による時季指定義務

「年次有給休暇」（年休）はこれまで、労働者に**時季指定権**が付与され、当該指定された日が事業の正常な運営を妨げる場合には、使用者は**時季変更権**を行使することができるものとされてきました。

しかし、思うように年休の取得が進んでいない状況を鑑み、有給休暇の付与日数が**10労働日以上である労働者を対象**に、使用者に**年5日の時季指定義務**を課すことになりました。

これにより、使用者は労働者の希望を聴取し、それを踏まえて時季指定することとなったのです。

時季指定義務の対象となる労働者は、年休の付与日数が10労働日以上である者に限られます。一般に、正社員などのいわゆる通常の労働者が主な対象となりますが、パートタイマーなどの短時間労働者も一定年数、継続的に勤務していた場合には、対象となることがあるので注意が必要です（下表のアミ掛け部分）。

使用者が時季指定する場合のルール

使用者が時季指定して付与しなければならない年休の日数は、**基準日から1年以内の期間に5労働日**です。

ここでいう「基準日」とは、雇い入れ後6か月を経過した日から1年ごとに期間を区分した期間の初日、つまり**1年ごとの応当日**ということになります。

付与日数	週所定労働日数	1年間の所定労働日数
	5日	—
	4日	169～216日
	3日	121～168日
	2日	73～120日
	1日	48～ 72日

◎年次有給休暇の取得のしかた◎

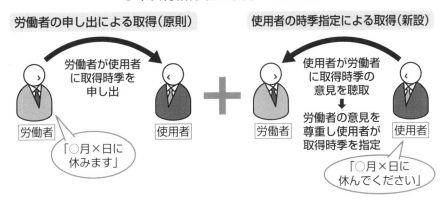

　ただし、労働者の時季指定または計画的付与制度により年休を与えた場合は、労働者がすでに取得した年休の日数分などは5労働日から控除することができます。

　なお、時季指定を半日単位で行なうことは差し支えないですが、時間単位での時季指定は認められません。

　また、前年度からの繰越し分の年休を取得した場合は、その日数分を使用者が時季指定すべき5日の年休から控除することが可能で、使用者が時季指定すべき年5日の年休に関しては、労働者が実際に取得した年休が、前年度からの繰越し分の年休であるか、当年度の基準日に付与された年休であるかについては問いません。

　なお、基準日から1年以内の期間に5労働日の付与を行なわなかった使用者は、30万円以下の罰金に処せられます。

◎年休の付与日数と時季指定義務の対象◎

継続勤務年数						
0.5年	1.5年	2.5年	3.5年	4.5年	5.5年	6.5年以上
10日	11日	12日	14日	16日	18日	20日
7日	8日	9日	10日	12日	13日	15日
5日	6日	6日	8日	9日	10日	11日
3日	4日	4日	5日	6日	6日	7日
1日	2日	2日	2日	3日	3日	3日

7 年休を前倒し付与した場合の 時季指定義務の特例①

施行日　大企業　平31.4.1／中小企業　平31.4.1

年休取得の管理がしやすくなる特例がある

　年休は、雇入れの日から起算して６か月間継続勤務し、全労働日の８割以上出勤した労働者に対して、継続し、または分割した10労働日が付与されます。

　このため、労働者に年休の時季指定権が付与されるまでには６か月というタイムラグが生じ、シンプルに１年ごとの年休管理をすることはできません。

　これを解消するために、年休付与を前倒しして、入社と同時に10労働日を与えることが考えられますが、この場合、次のような特例が認められています。

①通常の前倒しの際の取扱い

　法定の基準日（４月１日入社の場合であれば10月１日）より前に10日以上の年休を与えることとしたときは、その日から１年以内に５日の年休を取得させなければなりません。

　たとえば、右ページ図に示したとおり、入社日である４月１日に10日の年休を与えることとした場合には、翌年の３月31日までに５日を取得させることになります。

②ダブルトラック発生時の特例

　入社した年とその翌年とで年休の付与日が異なる等の理由から、５日の時季指定義務の履行期間には重複が生じてしまいます。

　このいわゆる「ダブルトラック」が発生する場合には、年休の取得状況の管理が複雑になるため、「最初に10日の年休を与えた日から、１年以内に新たに10日の年休を与えた日から１年を経過するまでの期間」（重複が生じている履行期間の第一の履行期間の始期から第二の履行期間の終期までの間）の長さに応じた日数を、当該期間中に取得させることが認められています。

◎年休を前倒しで付与したときの取扱い──その1◎

①通常の前倒しの際の取扱い

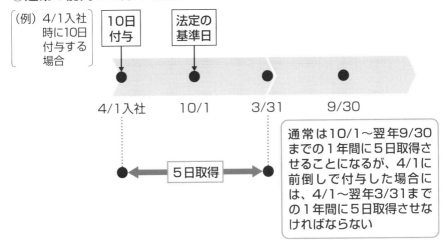

②ダブルトラック発生時の特例

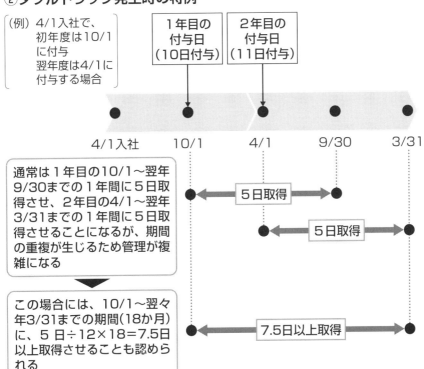

8 年休を前倒し付与した場合の 時季指定義務の特例②

施行日　大企業 平31.4.1／中小企業 平31.4.1

特例期間後の年休の「基準日」はどうなる？

　前項の年休を前倒しで付与した場合の時季指定義務の特例についての続きです。

③特例期間後の取扱い

　前項であげた①、②による履行期間がそれぞれ経過した後は、第一基準日または第二基準日から1年後の日が基準日とみなされ、2年目あるいは3年目の年休付与日が基準日とみなされることになります。

④10日のうち一部を法定の基準日より前倒しで付与し、労働者が自ら年休を取得した場合

　法定の基準日（4月1日入社の場合であれば10月1日）より前に10日の年休を分割して前倒しで付与した場合には、**付与日数の合計が10日に達した日からの1年間に5日取得させなければなりません。**

　ただし、当該日以前に、分割して前倒しで付与した年休について、労働者が自ら取得していた場合には、**取得した日数を5日から控除する**ことができます。

◎年休を前倒しで付与したときの取扱い──その２◎

③特例期間後の取扱い
●第一基準日から１年後の日

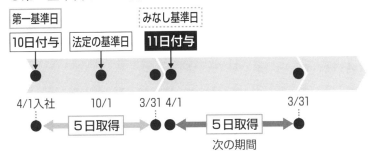

●第二基準日から１年後の日

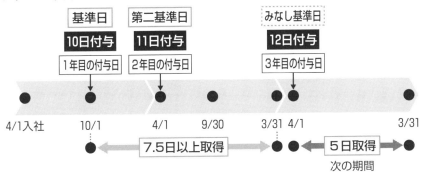

④10日のうち一部を法定の基準日より前倒しで付与し、労働者が自ら年休を取得した場合

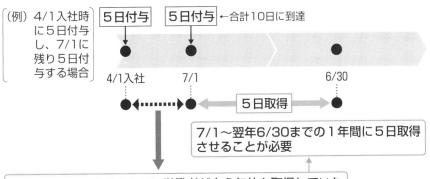

9 年休の時期指定義務に関する その他の留意事項

施行日　大企業　平31.4.1／中小企業　平31.4.1

労働者からの意見聴取

使用者が、年休の時季指定を行なう場合には、あらかじめ、当該有給休暇を与えることを当該労働者に明らかにしたうえで、その時季について**当該労働者の意見を聴かなければなりません。**

また、使用者は、当該労働者から聴取した意見を尊重するよう努めなければなりません。

つまり、使用者が**一方的に時季指定できるわけではない**ことに十分留意する必要があります。

年次有給休暇管理簿の作成

使用者が、年次有給休暇の時季指定を行なった場合には、その時季、日数および基準日（第一基準日および第二基準日を含む）を労働者ごとに明らかにした書類（以下、「**年次有給休暇管理簿**」）を作成し、当該年休を与えた期間中および当該**期間の満了後３年間**、保存しなければなりません。

なお、「年次有給休暇管理簿」に記載すべき「日数」としては、労働者が自ら請求し取得したもの、使用者が時季を指定し取得したもの、または計画的付与により取得したものにかかわらず、実際に労働者が年休を取得した日数（半日単位で取得した回数および時間単位で取得した時間数を含む）を記載する必要があります。

◎「年次有給休暇管理簿」の作成例◎

年次有給休暇取得日数	基準日	2019/4/1 ← **基準日**			（補足）基準日が２つ存在する場合には、基準日を２つ記載する必要あり
	取得日数	18日 ← **日 数**			（補足）基準日から１年以内の期間における年休取得日数（基準日が２つ存在する場合には１つ目の基準日か
	年次有給休暇を取得した日付	2019/4/4（木）	2019/5/7（火）	2019/6/3（月）	
		2019/9/2（月）	2019/10/9（水）	2019/11.5（火）	2019/12/6（金）　2020/1/14（火）　2020/2/10（月）　2020/3/19（木）

時 季（年次有給休暇を取得した日付）

就業規則の規定例

（年次有給休暇の時季指定義務）

第○条　会社は年次有給休暇が10日以上付与された従業員に対し、第×条の規定にかかわらず、付与日から1年以内に、当該従業員の有する年次有給休暇日数のうち5日について、会社が本人の意見を聴取し、その意見を尊重したうえで、あらかじめ時季を指定して取得させることができる。ただし、当該取得した日数分を5日から控除するものとする。

2　従業員は、前項の使用者による時季指定を拒むことはできない。

3　会社は、10労働日以上の年次有給休暇を基準日または第一基準日以降に与えることとし、かつ、当該日から1年以内の特定の日（第二基準日）以降に新たに10労働日以上の年次有給休暇を与えることとしたときは、履行期間（基準日または第一基準日を始期として、第二基準日から1年を経過する日を終期とする期間）の月数を12で除した数に5を乗じた日数について、当該履行期間中に、その時季を定めることにより与えることができる。

　また、この年次有給休暇管理簿は、労働者名簿、賃金台帳と同様の要件を満たしたうえで、電子機器を用いて磁気ディスク、磁気テープ、光ディスク等により調整することは差し支えないとされています。

就業規則への記載

　休暇に関する事項は、**就業規則の絶対的必要記載事項**であるため、使用者が時季指定を実施する場合は、時季指定の対象となる労働者の範囲および時季指定の方法等について、就業規則に記載する必要があります。

ます。

ら2つ目の基準日の1年後までの期間における年休取得日数）を記載する必要があります。

2020/ 4/20(月)		

10 フレックスタイム制の 清算期間拡大①

施行日 大企業 平31.4.1／中小企業 平31.4.1

清算期間の上限は１か月から３か月に

「フレックスタイム制」とは、労働者が日々の始業・終業時刻、労働時間を自ら決めることによって、生活と業務との調和を図りながら効率的に働くことができる制度です。

フレックスタイム制の清算期間の上限は、これまで１か月でしたが、これを３か月まで延長することができるようになりました。

清算期間を、１か月を超え３か月以内とする場合は、所轄労働基準監督署長に**労使協定を提出**しなければなりません。これに違反した場合は、30万円以下の罰金に処されます。

清算期間が１か月超３か月以内の場合の労働時間

フレックスタイム制を適用している場合に労働させることができる時間は、清算期間を平均して**１週間当たりの労働時間が40時間以内**であることとされています。

しかし、清算期間が１か月を超え３か月以内の場合は、その清算期間をその開始の日以後１か月ごとに区分した期間ごとに平均し、**１週間当たり50時間を超えない**ことが必要とされています。

この場合、１週間当たり50時間を超えて労働させた時間については、その超えた月において割増賃金を支払わなければなりません。

割増賃金の計算・支払い方法

フレックスタイム制の清算期間の長さによって、割増賃金の計算・支払い方法は次のように異なります。

①清算期間が１か月以内の場合

清算期間における法定労働時間の総枠を超えて労働させた時間について、割増賃金を支払います。

法定労働時間の総枠は、次のように計算します。

法定労働時間の総枠＝40時間×清算期間の暦日数÷7

◎清算期間が３か月の場合の労働時間の考え方◎

① ３か月間の法定労働時間の総枠＝40時間×３か月間の暦日数／７
② 各月の週50時間の総労働時間＝50時間×１か月の暦日数／７

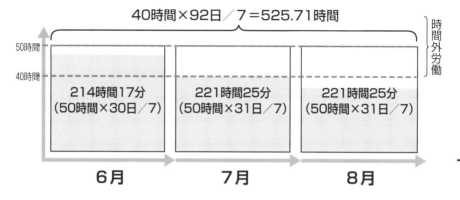

◎法定労働時間の総枠◎

１か月単位		２か月単位		３か月単位	
清算期間の暦日数	法定労働時間の総枠	清算期間の暦日数	法定労働時間の総枠	清算期間の暦日数	法定労働時間の総枠
31日	177.1時間	62日	354.2時間	92日	525.7時間
30日	171.4時間	61日	348.5時間	91日	520.0時間
29日	165.7時間	60日	342.8時間	90日	514.2時間
28日	160.0時間	59日	337.1時間	89日	508.5時間

②**清算期間が１か月を超え３か月以内の場合**

㋐ １か月における労働時間が前述の上限枠（１週平均50時間）を超えて労働した時間について、割増賃金を支払います。
　上限枠は次のように計算します。

> 上限枠＝50時間×１か月の暦日数÷７

㋑ 清算期間全体における法定労働時間の総枠（前ページ①参照）を超えて労働した時間（上記㋐の時間を除く）について、最終月に割増賃金を支払います。

11 フレックスタイム制の清算期間拡大②

施行日　大企業　平31.4.1／中小企業　平31.4.1

途中採用者・退職者の取扱い

清算期間が１か月を超えるフレックスタイム制を採用している場合において、途中採用者・退職者については、実労働時間からすでに割増賃金を支払った時間および次の算式によって計算した時間を減じて得た時間について、労働基準法37条の規定により割増賃金を支払わなければなりません。

> 40時間×実労働期間の暦日数÷7

時間外労働の上限規制の適用

時間外労働にかかる上限規制は、１か月を超えるフレックスタイム制に対しても等しく適用されます。

したがって、単月100時間未満（法定休日を含む）、２か月ないし６か月平均80時間以内（法定休日を含む）の上限規制に違反することがないよう、きちんと運用管理を行なう必要があります。

この点について、厚生労働省の解釈例規では、「フレックスタイム制は、（中略）仕事と生活の調和を図りながら働くための制度であり、長時間の時間外労働を行なわせることは、フレックスタイム制の趣旨に合致しないことに留意すること」としています。

完全週休２日制の特例

完全週休２日制の事業場では、曜日のめぐり方次第で、１日８時間相当の労働であっても、法定労働時間の総枠を超え得るという課題があります。

そこで、この課題を解消するために、完全週休２日制の下での法定労働時間の計算方法に特例を設け、**所定労働日数に８時間を乗じた時間数を法定労働時間の総枠にする**ことができます。

具体的には、労使協定により労働時間の限度について、「当該清算期間における所定労働日数に８時間を乗じて得た時間」とする旨を定めたときは、清算期間を平均して１週間当たりの労働時間が当該清算期間に

◎完全週休2日制の場合の特例のしくみ◎

完全週休2日制の場合、「1日8時間×所定労働日数」を総枠にすることができる。

暦日数 法定労働時間の総枠	所定労働日数 1日8時間
31日（177.1時間）	23日（184時間）
30日（171.4時間）	22日（176時間）
29日（165.7時間）	21日（168時間）

$$\text{清算期間における総労働時間} \leqq \frac{\text{清算期間における暦日数}}{7} \times \text{1週間の法定労働時間}$$

おける日数を7で除して得た数をもって、その時間を除して得た時間を超えない範囲内で労働させることができます。

12 「高度プロフェッショナル制度」の創設

施行日 大企業 平31.4.1／中小企業 平31.4.1

高度プロフェッショナル制度とは

時間ではなく成果で評価される働き方を選択できるようにするため、職務の範囲が明確で高年収の労働者が、高度の専門的知識を必要とする等の業務に従事する場合には、労働時間や休憩、休日および深夜の割増賃金等の規定から適用除外する「**特定高度専門業務・成果型労働制**」（**高度プロフェッショナル制度**）が創設されました。

この高度プロフェッショナル制度を採用するためには、**労使委員会**において、その委員の5分の4以上の多数による議決により、右ページ表にあげた事項に関する決議をし、かつ、その**決議を所轄労働基準監督署長に届け出る**ことが必要となります。

また、高度プロフェッショナル制度の対象労働者については、職務の内容および制度の適用において、**個別に同意を得なければならないもの**とされています。

対象となる労働者に対して使用者には、**年間104日の休日を確実に取得させる**等の健康確保措置を講ずることが求められます。

対象業務は

高度プロフェッショナル制度の対象となる業務は、次のとおりです。
- 金融商品の開発業務、金融商品のディーリング業務
- アナリストの業務（企業・市場等の高度な分析業務）
- コンサルタントの業務（事業・業務の企画運営に関する高度な考案または助言の業務）
- 研究開発業務　など

対象労働者は

高度プロフェッショナル制度の対象となる労働者は、次のとおりです。
- 職務を明確に定める「職務記述書」等により同意している労働者
- 1年間に支払われると見込まれる賃金の額が、「基準年間平均給与額」の3倍を相当程度上回る水準として、省令で規定される額以上である労働者（年収1,075万円を想定）

◎労使委員会で決議を要する事項◎

義　務	年間104日以上かつ4週4日以上の休日確保
選択措置義務	次の①〜④のいずれかの措置を実施 ①インターバル措置と深夜業の回数の制限 ②1か月または3か月の健康管理時間の上限措置 ③2週間連続の休日を年1回以上 　（労働者が希望した場合は1週間連続の休日を年2回） ④臨時の健康診断
	さらに労働者に健康管理時間の状況に応じた健康および福祉を確保するための措置で、有給休暇の付与、健康診断の実施など省令で定める事項のうち、労使委員会で決議した措置を実施

● いったん労働者本人が同意した場合でも、同意を撤回することが可能
● 同意撤回の手続きは、労使委員会の決議で定める

　なお、高度プロフェッショナル制度を導入する場合には、**健康管理時間**（事業場内に所在した時間と事業場外で業務に従事した場合における労働時間との合計）を把握しなければなりません。

　この健康管理時間が、1週間当たり40時間を超えた場合のその超えた時間が1か月当たり100時間を超えた労働者に対しては、一律に面接指導の対象となります。

13 勤務間インターバル制度の導入・促進

施行日 大企業 平31.4.1／中小企業 平31.4.1

勤務間インターバル制度とは

　長時間労働による健康障害防止の観点から、改正「労働時間等設定改善法」において、**勤務時間の終業時刻から次の始業時刻までに一定の休息時間を確保**する「**勤務間インターバル制度**」の導入が事業主の努力義務となりました。

　勤務間インターバル制度を導入することにより、疲労回復に重要な睡眠の確保や健康的な生活ができるほか、ワークライフバランスの実現にも効果が期待されています。

導入に際しての検討事項

　勤務間インターバル制度の導入に当たっては、次の事項について検討することが必要です。

①**インターバルの時間数**

● EUの労働時間指令にならい、休息時間を11時間とするのか

● 国民の睡眠や通勤、入浴などの平均が計9時間程度とする総務省調査をもとに休息時間を9時間とするのか

②**例外の取扱い**

● 繁忙日の例外を認否　● 承認手続きと回数制限　● 連続日数制限

③**休息時間が翌日の始業時刻に及んだ場合の取扱い**

● 勤務みなし（特別有給）とするのか

● 時差出勤と取り扱うのか　● フレックスタイム制で対応するのか

　なお、「勤務間インターバル制度普及促進のための有識者検討会」の報告書では、勤務間インターバル制度の普及に向けて、次のような数値目標が設定されています。

　労働者30人以上の企業のうち、

㋐勤務間インターバル制度を知らなかった企業割合を20％未満とする（2020年まで）

㋑勤務間インターバル制度（終業時刻から次の始業時刻までの間に一定時間以上の休息時間を設けることについて就業規則または労使協定等

◎勤務間インターバル制度のしくみ◎

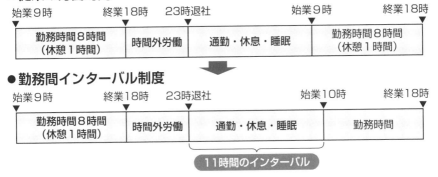

就業規則の規定例

①休息時間と翌所定労働時間が重複する部分を労働とみなす場合
(勤務間インターバル制度)
第○条　いかなる場合も、労働者ごとに1日の勤務終了後、次の勤務の開始までに少なくとも、○時間の継続した休息時間を与える。
2　前項の休息時間の満了時刻が、次の勤務の所定始業時刻以降に及ぶ場合、当該始業時刻から満了時刻までの時間は労働したものとみなす。

②始業時刻を繰り下げる場合
(勤務間インターバル制度)
第○条　いかなる場合も、労働者ごとに1日の勤務終了後、次の勤務の開始までに少なくとも、○時間の継続した休息時間を与える。
2　前項の休息時間の満了時刻が、次の勤務の所定始業時刻以降に及ぶ場合、翌日の始業時間は、前項の休息時間の満了時刻まで繰り下げる。

③災害その他避けることができない場合に対応するため例外を設ける場合（上記①または②の第1項にこの規定を追加）
ただし、災害その他避けることができない場合は、その限りではない。

で定めているものに限る）を導入している企業割合を10％以上とする（2020年まで）

14 労働時間の客観的な把握

施行日　大企業 平31.4.1／中小企業 平31.4.1

労働安全衛生法に規定されている

改正「労働安全衛生法」では、医師による面接指導について、その対象を「40時間を超えて労働させた場合における、その超えた時間が1か月あたり80時間を超え、かつ、疲労の蓄積が認められる者」等とするとともに、面接指導対象者を適切に把握するべく、事業者に対し「**労働時間の状況の把握**」**義務**が課されます。

労働時間を客観的に把握しなければならないのは、管理監督者、裁量労働制の適用対象者を含むすべての労働者であり、「**労働者がいかなる時間帯にどの程度の時間、労務を提供し得る状態にあったか**」を把握するものです。

労働時間の把握のしかた

労働時間を把握する方法は、「タイムカードによる記録、パーソナルコンピュータ等の電子計算機の使用時間の記録等の客観的な方法、その他の適切な方法」としなければなりませんが、事業者は、これらの方法により把握した労働時間の状況の**記録を作成し、3年間保存**する必要があります。

「その他の適切な方法」としては、労働者の労働日ごとの出退勤時刻や入退室時刻の記録等をあげています。

また、行政解釈では、やむを得ず客観的な方法により把握し難い場合は、労働者の自己申告による把握が考えられますが、その場合には、事業者は、右ページの①から⑤までの措置をすべて講じる必要がある、と通達されています。

一方、「やむを得ず客観的な方法により把握が難しい場合」としては、労働者が事業場外において行なう業務に直行または直帰する場合など、事業者の現認を含め、労働時間の状況を客観的に把握する手段がない場合をあげていますが、事業場外から社内システムにアクセスすることが可能であり、客観的な方法による労働時間の状況を把握できる場合もあるため、直行または直帰であることのみを理由として、自己申告により

40

◎労働者の自己申告に関する厚生労働省の通達◎

（平30・12・28基発1228第16号）

①自己申告制の対象となる労働者に対して、労働時間の状況の実態を正しく記録し、適正に自己申告を行なうことなどについて十分な説明を行なうこと

②実際に労働時間の状況を管理する者に対して、自己申告制の適正な運用を含め、講ずべき措置について十分な説明を行なうこと

③自己申告により把握した労働時間の状況が実際の労働時間の状況と合致しているか否かについて、必要に応じて実態調査を実施し、所要の労働時間の状況の補正をすること

④自己申告した労働時間の状況を超えて事業場内にいる時間または事業場外において労務を提供し得る状態であった時間について、その理由等を労働者に報告させる場合には、当該報告が適正に行なわれているかについて確認すること。その際に、休憩や自主的な研修、教育訓練、学習等であるため労働時間の状況ではないと報告されていても、実際には、事業者の指示により業務に従事しているなど、事業者の指揮命令下に置かれていたと認められる時間については、労働時間の状況として扱わなければならないこと

⑤自己申告制は、労働者による適正な申告を前提として成り立つものである。このため、事業者は、労働者が自己申告できる労働時間の状況に上限を設け、上限を超える申告を認めないなど、労働者による労働時間の状況の適正な申告を阻害する措置を講じてはならないこと

労働時間の状況を把握することは、認められないとしています。

　また、タイムカードによる出退勤時刻や入退室時刻の記録やパーソナルコンピュータの使用時間の記録などのデータを有する場合や、事業者の現認により当該労働者の労働時間を把握できる場合にもかかわらず、自己申告による把握のみにより労働時間の状況を把握することは、認められません。

15 産業医・産業保健機能の強化

施行日　大企業　平31.4.1／中小企業　平31.4.1

産業医の活動環境の整備

これも、労働安全衛生法の改正によるものです。

「産業医」は、労働者の健康管理等を行なうのに必要な医学に関する知識にもとづいて、誠実にその職務を行なわなければならないと法令で規定されています（**誠実職務遂行義務**）が、さらに産業医に対しては、産業医学に関する知識・能力の維持向上に努めることも求められています。

他方、産業医の身分の安定性を担保する観点から、産業医が離任する場合は、事業者が**その事実と離任する理由を衛生委員会に報告**しなければなりません。

また、長時間労働者に対する健康確保対策の強化として、産業医を選任した事業者は、労働者の労働時間に関する情報、その他産業医が労働者の健康管理等を適切に行なうために必要な情報として省令で定めるものを産業医に提供しなければなりません。

医師等に労働者の健康管理等の全部または一部を行なわせる事業者は、同様に必要な情報を医師等に提供するよう努めなければなりません。

長時間労働者の健康確保対策が必要

長時間労働者に対する健康確保対策の強化として、産業医から勧告を受けた事業者は、その勧告の内容を尊重するとともに、衛生委員会または安全衛生委員会に報告しなければなりません。

また、衛生委員会においては、その委員である産業医が労働者の健康管理の観点から、**必要な調査審議**を求めることができるようになるほか、専門的立場から必要な発言等を積極的に行なうことが求められます。

そして、長時間労働者に対する健康確保対策の強化として、事業者は産業医または医師等による労働者の健康管理等の適切な実施を図るため、産業医または医師等が労働者からの健康相談に応じ、適切に対応するために必要な体制の整備等に努めなければなりません。

産業医を選任した事業者は、その事業場における産業医の業務の内容

◎産業医と衛生委員会の概要◎

区 分	概 要	主な役割	設置基準
産業医	労働者の健康管理等を行なうのに必要な医学に関する知識等の要件を備えた者	●作業環境の維持管理、作業の管理、労働者の健康管理等の実施 ●労働者に対し健康管理等について必要な勧告	常時使用する労働者50人以上の事業場は選任義務あり
衛生委員会	●労働者の衛生にかかる事項を調査審議し、事業者に意見を述べることができる ●衛生委員会は、使用者、労働者、産業医等で構成する	【調査審議事項】 ●健康障害の防止、健康の保持増進等を図るための対策 ●労働災害の原因・再発防止対策で衛生にかかるもの	常時使用する労働者50人以上の事業場は設置義務あり

その他の産業医の業務に関する事項を、各作業場の見やすい場所に常時掲示し、または備え付けることその他の省令で定める方法により、労働者に周知しなければなりません。

　医師等に労働者の健康管理等の全部または一部を行なわせる事業者は、産業医と同様に労働者に周知させるように努めなければならないので注意しましょう。

16 労働者の心身の情報に関する情報の取扱い

施行日　大企業　平31.4.1／中小企業　平31.4.1

産業医・産業保健機能を強化するために

　労働安全衛生法の改正により、産業医・産業保健機能を強化するために、「事業者は、医師等による面接指導や健康診断の結果などから必要な健康情報を取得し、労働者の健康と安全を確保することが求められている。こうした健康情報については、労働者にとって機微な情報も含まれていることから、労働者が雇用管理において労働者の不利益な取扱いにつながる不安なく安心して産業医等による健康相談等を受けられるようにするとともに、事業者が必要な情報を取得して労働者の健康確保措置を十全に行なえるようにするため、適切な取扱いが必要である」とされています。

　これを踏まえて、事業者は、「労働者の心身の状態に関する情報を収集し、保管し、または使用するに当たっては、労働者の健康の確保に必要な範囲内で労働者の心身の状態に関する情報を収集し、ならびに当該収集の目的の範囲内でこれを保管し、および使用しなければならない」とされ、「労働者の心身の状態に関する情報を適正に管理するために必要な措置を講じなければならない」とされました。

事業者は取扱規程を定めなければならない

　上記の産業医・産業保健機能の強化のために、厚生労働大臣は、「事業者が講ずべき措置の適切かつ有効な実施を図るため必要な指針を公表する」こととなりました。

　すなわち、心身の状態の情報が、労働者の健康確保措置の実施や事業者が負う民事上の安全配慮義務の履行の目的の範囲内で適正に使用され、事業者による労働者の健康確保措置が十全に行なわれるよう、事業者は、当該事業場における「取扱規程」を定め、労使で共有することが必要です。

　取扱規程に定めるべき事項は、右ページ図のとおりです。

　なお、事業者は、取扱規程の策定に当たっては、衛生委員会等を活用して労使関与の下で検討し、策定したものを労働者と共有することにな

◎「取扱規程」に定めるべき事項◎

①心身の状態の情報を取り扱う目的および取扱い方法

②心身の状態の情報を取り扱う者およびその権限ならびに取り扱う心身の状態の情報の範囲

③心身の状態の情報を取り扱う目的等の通知方法および本人同意の取得方法

④心身の状態の情報の適正管理の方法

⑤心身の状態の情報の開示、訂正等および使用停止等の方法(消去に関するものを含む)

⑥心身の状態の情報の第三者提供の方法

⑦事業承継、組織変更に伴う心身の状態の情報の引継ぎに関する事項

⑧心身の状態の情報の取扱いに関する苦情の処理の取扱規程の労働者への周知の方法

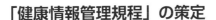

「健康情報管理規程」の策定

ります。

　この共有の方法については、就業規則その他の社内規程等により定め、その文書を常時、作業場の見やすい場所に掲示し、または備え付ける、イントラネットに掲載を行なう等の方法により周知することになります。

17 医師の面接指導が必要な労働者

施行日 大企業 平31.4.1／中小企業 平31.4.1

新技術・新商品または研究開発業務に従事する労働者

　事業者は、新たな技術、商品または役務の研究開発に係る業務に従事する労働者が省令で定める時間（1週当たり40時間を超える労働時間が月100時間）を超える場合は、医師による面接指導を行なわなければなりません。

　また、事業者は、面接指導の結果にもとづく必要な措置について医師の意見を聴かなければならず、その必要があると認めるときは、就業場所の変更、職務内容の変更、有給休暇（年次有給休暇を除く）の付与、労働時間の短縮、深夜業の回数の減少等の措置を講じなければなりません。

高度プロフェッショナル制度の対象労働者

　事業者は、高度プロフェッショナル制度（36ページ参照）の対象労働者で、その健康管理時間が省令で定める時間（1週当たり40時間を超える労働時間が月100時間）を超える場合は、医師による面接指導を行なわなければなりません。

　また、事業者は、面接指導の結果にもとづく必要な措置について医師の意見を聴かなければならず、その必要があると認めるときは、職務内容の変更、有給休暇（年次有給休暇を除く）の付与、健康管理時間が短縮されるための配慮等の措置を講じなければなりません。

時間外労働が月80時間を超えた労働者

　事業者は、時間外労働が月80時間を超えた労働者から申し出があった場合には、医師の面接指導を実施しなければなりません。

　また、事業者は、面接指導の結果にもとづく必要な措置について医師の意見を聴かなければならず、その必要があると認めるときは、就業場所の変更、作業の転換、労働時間の短縮、深夜業の回数の減少等の措置を講じなければなりません。

◎産業医・産業保健機能の強化による面接指導の実施手順◎

 事業者はすべての労働者の労働時間を把握しなければならない

↓

 事業者は産業医に時間外労働が月80時間超の労働者の情報を提供

↓

産業医が情報をもとに労働者に面接指導の申し出を勧奨

↓

 時間外労働が月80時間超の労働者が事業者に面接指導を申し出

↓

事業者が産業医等による面接指導を実施

↓

事業者が産業医等から労働者の措置等の意見を聴く

↓

事業者が産業医の意見を踏まえて必要な措置を講じる

↓

 事業者が産業医に措置内容を情報提供

↓

措置状況を確認した産業医が労働者の健康確保に必要な場合は事業者に勧告

↓

 事業者が産業医の勧告内容を衛生委員会に報告

18 パート・有期労働法による 同一労働・同一賃金のルール

施行日　大企業　令2.4.1／中小企業　令3.4.1

パートタイム労働法が改称に

　これまで「短時間労働者の雇用管理の改善等に関する法律」（パートタイム労働法）では、短時間労働者と通常の労働者との均衡のとれた待遇の確保等を図ることを通じて、短時間労働者がその有する能力を有効に発揮できるようにし、もってその福祉の増進を図り、あわせて経済および社会の発展に寄与することを目的としていました。

　今回の法改正では、有期雇用労働者の待遇等に関して労働契約法に定めている「不合理な労働条件の禁止」（同法20条）が削除され、**パートタイム労働法の待遇に関するすべての規定が有期雇用労働者にも適用**されるようになりました。あわせて法律の題名も「短時間労働者及び有期雇用労働者の雇用管理の改善等に関する法律」（**パート・有期労働法**）と変更されています。

通常の労働者との均等待遇

　また、改正前の適用対象となる労働者の定義は、1週間の所定労働時間が「通常の労働者」に比べて短い労働者で、比較対象は事業所単位で設定されていました。

　今回の法改正では、この比較対象が「**同一の事業主に雇用される通常の労働者**」と、事業主（企業、使用者）単位で設定されました。同じ事業所に通常の労働者がいない場合には、同一企業の他の事業所にいる通常の労働者が比較対象となり、より広範囲で比較されることとなります。

　なお、「通常の労働者」とは、いわゆる正社員、正規型の労働者、フルタイムの基幹的労働者を指し、労働契約期間の定めがなく無期雇用を前提とした待遇、雇用形態、賃金体系等を総合的に勘案して社会通念上に従って判断されます。

　均等待遇については、職務内容、職務内容・配置の変更範囲が、同一の場合に適用される差別的取扱いの禁止が、短時間労働者だけでなく、有期雇用労働者も対象となりました。

　また、**均衡待遇**については、①職務内容、②職務内容・配置の変更範

◎パート・有期労働法８条の規定◎

> 事業主は、その雇用する短時間・有期雇用労働者の基本給、賞与その他の待遇のそれぞれについて、当該待遇に対応する通常の労働者の待遇との間において、当該短時間・有期雇用労働者および通常の労働者の業務の内容および当該業務に伴う責任の程度、当該職務の内容および配置の変更の範囲その他の事情のうち、当該待遇の性質および当該待遇を行なう目的に照らして適切と認められるものを考慮して、不合理と認められる相違を設けてはならない。

正社員 ─ ①職務の内容（業務の内容・責任の程度）
②当該職務の内容および配置の変更の範囲
③その他の事情 ─ **パート・有期雇用**

【改正前から改正後の適用の有無】

	短期間労働者	有期労働者	派遣労働者
待遇内容	○⇒○	×⇒○	○⇒○
待遇決定に際しての考慮事項	○⇒○	×⇒○	○⇒○
待遇差の内容・理由	×⇒○	×⇒○	×⇒○

（×：規定なし、○：規定あり）

囲、③その他の事情の相違を考慮する不合理な待遇差を禁止することが、基本給、賞与、役職手当、食事手当、福利厚生、教育訓練等、それぞれの待遇ごとに、待遇の性質・目的に照らして適切と認められる事情を考慮して判断されることになりました。

19 有期雇用労働者に対する事業主の説明義務と履行確保措置

施行日　大企業　令2.4.1／中小企業　令3.4.1

有期雇用労働者も説明義務の対象に

改正前のパートタイム労働法では、短時間労働者の雇入れ時に、①差別的取扱いの禁止、②賃金、③教育訓練、④福利厚生施設、⑤通常の労働者への転換（同法13条）に関して事業主が講じている措置の内容を説明する義務がありましたが、今回の改正によりパート・有期労働法では、有期雇用労働者に対しても説明義務が付されました。

また、⑥不合理な待遇の禁止に関して講じている措置についても、説明義務の対象に追加されました。

従来は、短時間労働者から求めがあった場合に、①労働条件に関する文書交付等、②就業規則の作成の手続き、差別的取扱いの禁止、③賃金、④教育訓練、⑤福利厚生施設、⑥通常の労働者への転換に関する決定に際して考慮した事項について説明する義務がありましたが、今回の改正で有期雇用労働者に対しても説明が義務づけられています。

なお、通常の労働者との待遇差の内容および理由についても、短時間労働者・有期雇用労働者からの求めに応じて説明することが義務づけられました。

また、事業主は、短時間労働者・有期雇用労働者が通常の労働者との待遇差の内容および理由等について説明を求めたことを理由に、解雇その他の不利益な取扱いをしてはなりません。

行政による履行確保措置および裁判外紛争解決手続きの整備

従来は、行政による履行確保措置（報告徴収・助言・指導・勧告・公表）は、短時間労働者と派遣労働者が対象でしたが、有期雇用労働者も対象になりました。

また、行政による裁判外紛争解決手続き（「行政ＡＤＲ」という）は、短時間労働者のみが対象でしたが、有期雇用労働者・派遣労働者についても利用できるようになりました。

さらに、均衡待遇や待遇差の内容および理由に関する説明についても、行政ＡＤＲの対象に追加されました。

◎待遇等に関する説明義務（法改正に伴う規定の変化）◎

	短時間労働者	有期労働者	派遣労働者
待遇内容	◯ ⇒ ◯	× ⇒ ◯	◯ ⇒ ◯
待遇決定に際しての考慮事項	◯ ⇒ ◯	× ⇒ ◯	◯ ⇒ ◯
待遇差の内容・理由	× ⇒ ◯	× ⇒ ◯	× ⇒ ◯

（×：規定なし　◯：規定あり）

◎行政による履行確保措置および行政ＡＤＲ
（法改正に伴う規定の変化）◎

	短時間労働者	有期労働者	派遣労働者
行政による履行確保措置	◯ ⇒ ◯	× ⇒ ◯	◯ ⇒ ◯
行政ＡＤＲ	△ ⇒ ◯	× ⇒ ◯	× ⇒ ◯

（×：規定なし、△：部分的に規定あり、◯：規定あり）

20 派遣労働者の同一労働・同一賃金

施行日 大企業 令2.4.1／中小企業 令3.4.1

派遣先の情報提供義務

派遣元事業主は、派遣労働者の不合理な待遇差を解消するために、①**「派遣先の労働者との均等・均衡待遇」**、②**「一定の要件を満たす労使協定による待遇確保」**、のいずれかを選択して講じることが義務づけられました。

①の「派遣先の労働者との均等・均衡待遇」の場合は、派遣労働者を受け入れようとする者（派遣先）は、あらかじめ派遣元事業主に対して、派遣労働者が従事する業務ごとに比較対象となる労働者の賃金その他待遇に関する情報を提供しなければなりません。この場合、派遣元事業主は、この情報提供がないときは労働者派遣契約を締結できないことになります。

また、派遣先は、提供した待遇に関する情報に変更があったときは、遅滞なく変更内容を派遣元事業主に提供しなければなりません。

派遣先は、派遣元事業主が支給する派遣労働者の基本給等について、派遣先労働者の待遇に照らして不合理とならないよう、派遣料金について配慮する必要があります。

派遣労働者の均等・均衡待遇

派遣元事業主は、派遣労働者の待遇について、派遣先に雇用される通常の労働者の待遇との間で、不合理と認められる相違を設けてはいけません（**均衡待遇**）。

また、派遣元事業主は、職務内容が派遣先に雇用される通常の労働者と同一の派遣労働者で、雇用関係終了までの全期間、職務内容や配置が同一と見込まれるものは、通常の労働者の待遇に比べて不利なものとしてはなりません（**均等待遇**）。

そして、派遣元事業主は、派遣先に雇用される通常の労働者との均衡を考慮し、派遣労働者の職務内容、職務の成果、意欲、能力または経験等を勘案して、賃金決定するように努めなければならないとされています。

◎不合理な待遇差を解消する２つの方法◎

派遣労働者の賃金額の決定 派遣先労働者との均衡・均等方式

労使協定方式

◎労働者派遣を受ける派遣先に求められる事項◎

区 分	提供先	派遣先に求められること	時 期
改正前	情報を求めた派遣元事業主	派遣労働者と同種の業務に従事する雇用労働者の賃金水準に関する情報（配慮事項）	求められたとき
改正後	派遣元事業主	比較対象労働者の賃金、その他の待遇に関する情報提供	派遣を受けようとする前に
		比較対象労働者の賃金、その他の待遇に関して変更があったときの情報提供	遅滞なく
		派遣料金の額について、派遣元事業主が派遣労働者の待遇を派遣先の比較対象労働者と比べて不合理と認められる相違が生じないよう配慮する	そのつど

21 労使協定による派遣労働者の待遇確保

施行日 大企業 令2.4.1／中小企業 令2.4.1

労使協定の締結のしかた

派遣先の労働者との均等・均衡待遇を行なう場合、派遣労働者が派遣先を変わるごとに賃金水準が変わることとなり、派遣元による段階的・体系的な教育訓練等のキャリアアップ支援と不整合が生じ、むしろ雇用の安定性に欠けるケースが起こりえます。

そこで、派遣元事業主が、派遣労働者の過半数で組織する労働組合（または過半数を代表する者）との書面による協定により、一定の要件を満たす派遣労働者の待遇を定めたときは、派遣先の比較対象労働者との均等・均衡待遇にかかる規定を適用しないこととなりました。

その際、派遣元事業主は、労働者派遣をするときに**派遣労働者が協定対象派遣労働者か否かの別**を派遣先に通知しなければなりません。

労使協定方式を選択した場合は、派遣元管理台帳および派遣先管理台帳の記載事項に、協定対象派遣労働者か否かの別が追加されることになります。

◎労使協定を締結した場合の手続き◎

派遣先への通知事項の追加	派遣元事業主は、法令の定めによる「派遣先への通知」に、派遣労働者が協定対象派遣労働者であるか否かの別が追加されます。
派遣元管理台帳の記載事項の追加	派遣元管理台帳に記載しなければならない事項に、協定対象派遣労働者であるか否かの別が追加されます。
派遣先管理台帳の記載事項の追加	派遣先管理台帳に記載しなければならない事項に、協定対象派遣労働者であるか否かの別が追加されます。

◎派遣労働者の待遇に関して労使協定で定める事項◎

	労使協定の内容
1	協定で定める待遇が適用される派遣労働者の範囲
2	派遣労働者の賃金の決定の方法 ●派遣労働者が従事する業務と同種の業務に従事する一般労働者の平均的な賃金の額として省令で定めるものと同等以上の賃金の額となること ●派遣労働者の職務内容、職務の成果、意欲、能力または経験その他の就業実態に関する事項の向上があった場合、賃金が改定されること
3	賃金決定にあたっては、派遣労働者の職務内容、職務の成果、意欲、能力または経験その他の就業の実態に関する事項を公正に評価し決定すること
4	派遣労働者の待遇（賃金以外）の決定の方法 ●派遣労働者の待遇と、派遣元事業主に雇用される通常の労働者（派遣労働者を除く）の待遇との間に不合理と認められる相違が生じないこと
5	派遣労働者に対して、段階的かつ体系的に派遣就業に必要な技能および知識を習得することができるよう教育訓練を実施すること
6	上記に掲げるもののほか、省令で定める事項

22 派遣労働者にかかる就業規則の作成等の手続き

施行日　大企業　令2.4.1／中小企業　令2.4.1

派遣労働者の過半数代表者を選任する

　通常、就業規則の作成・届出にあたっては、労働者の過半数で組織する労働組合がある場合においてはその労働組合、過半数で組織する労働組合がない場合においては労働者の過半数を代表する者の意見を聴かなければなりませんが、派遣労働者を適用対象とする就業規則であるにもかかわらず、「派遣労働者の意見が反映されない」という不整合がありました。

　今回の改正では、派遣元事業主が派遣労働者にかかる事項についての就業規則を作成または変更するにあたって、労働基準法90条で求められる事業場の労働者の過半数代表者からの意見聴取とは別に、**あらかじめ雇用する派遣労働者の過半数を代表すると認められる者の意見を聴く**ように努めなければならない、という努力義務が規定されました。

　そのため、派遣労働者にかかる就業規則を作成または変更する場合には、派遣労働者のなかから過半数代表者を選任しておくことが求められます。

派遣元事業主の説明義務

　派遣元事業主は、①派遣労働者を雇い入れたとき、②派遣労働者を派遣するとき、③派遣労働者から求めがあったときには、派遣労働者の待遇等に関して説明等をしなければなりません。

　また、派遣元事業主は、派遣労働者から待遇などに関する説明の求めがあったことを理由として、不利益な取扱いをしてはなりません。

◎派遣労働者を雇い入れたときの説明義務事項◎

①文書の交付に よる明示	労働契約の期間
	有期労働契約を更新する場合の基準
	就業場所・従事すべき業務
	始業・終業時刻、時間外労働の有無、休憩時間、休日、休暇
	賃金の決定、計算・支払方法および賃金の締切・支払時期
	退職に関する事項
②措置内容の説明 事項	派遣先の比較対象労働者の待遇を考慮して不合理となるような相違を設けない（均衡待遇）
	正当な理由なく派遣先の比較対象労働者の待遇に比べて不利なものとしない（均等待遇）

◎派遣労働者を派遣するときの説明義務事項◎

①文書の交付に よる明示	賃金
	労働時間
	労働契約の期間
	有期労働契約を更新する場合の基準
	就業場所・従事すべき業務
	始業・終業時刻、時間外労働の有無、休憩時間、休日、休暇
	賃金の決定、計算・支払方法および賃金の締切・支払時期
	退職に関する事項
②措置内容の説明事項	派遣先の比較対象労働者の待遇を考慮して不合理となるような相違を設けないこと（均衡待遇）
	正当な理由なく派遣先の比較対象労働者の待遇に比べて不利なものとしないこと（均等待遇）

23 派遣先における 適正な派遣就業の確保等

施行日　大企業　令2.4.1／中小企業　令2.4.1

派遣先に求められる必要な措置と配慮義務

　派遣先は、派遣労働者に対して業務の遂行に必要な教育訓練の実施や福利厚生施設の利用の機会の付与など、適正な派遣就業の確保のために必要な措置を講じなければなりません。

　また、派遣先は、派遣元事業主が派遣労働者の均等・均衡待遇や説明義務等を果たすため、派遣元事業主の求めに応じ、派遣先に雇用される労働者の情報、派遣労働者に業務の遂行状況など、必要な情報を提供するなどの配慮をしなければなりません。

紛争解決・勧告および公表

　派遣元事業主は、派遣労働者から待遇面や待遇に関する説明に関し、苦情の申し出を受けたときは、自主的な解決を図るように努めなければなりません。

　他方、派遣先は、教育訓練の実施や福利厚生施設の利用に関し、苦情の申し出を受けたときは、自主的な解決を図るように努めなければなりません。

　なお、都道府県労働局長は、派遣労働者と派遣元事業主または派遣先の間の紛争に関し、当事者から解決の援助を求められたときは、必要な助言、指導または勧告ができるほか、紛争調停委員会に調停を行なわせることができます。

　また、厚生労働大臣による勧告および公表の対象に、派遣先の情報の提供（変更を含む）、派遣労働者の適正な派遣就業の確保等に違反している場合等が追加されました。

◎派遣労働者の適正な派遣就業の確保のために

派遣先に求められる事項◎

	要件等	改正前	改正後
業務の遂行に必要な能力付与のための教育訓練の実施等（すでに当該業務に必要な能力を有している場合等を除く）	派遣元事業主の求めに応じ	配慮義務	義務
業務の円滑な遂行に資するものとして、省令で定める福利厚生施設の利用機会の付与（食堂、休憩室、更衣室など）	雇用労働者に利用の機会を与えている	配慮義務	義務
適切な就業環境の維持のために、診療所等の施設の利用に関する便宜の供与等	雇用労働者に利用の機会を与えている	努力義務	配慮義務
派遣先の雇用労働者の情報、派遣労働者の業務遂行状況その他の情報提供等の必要な協力	派遣元事業主の求めに応じ	努力義務	配慮義務

なるほどQ&A①

兼業・副業している場合の労働時間は？

Q 働き方改革実行計画のなかで、企業は兼業・副業を認める方向で検討すべき、という方針が示されています。自社と副業・兼業先の両方で雇用されている場合の、労働基準法における労働時間等の規定の適用はどのようになるのでしょうか？

A 労働基準法38条では「労働時間は、事業場を異にする場合においても、労働時間に関する規定の適用については通算する」と規定されており、「事業場を異にする場合」とは、事業主を異にする場合も含まれることになっています（労働基準局長通達：昭23.5.14基発第769号）。

そして、労働時間を通算した結果、労働基準法32条または40条に定める法定労働時間を超えて労働させる場合には、使用者は、自社で発生した法定外労働時間について、同法36条に定める時間外および休日の労働に関する協定（いわゆる「３６協定」）を締結し、また、同法37条に定める割増賃金を支払わなければなりません。

このとき、労働基準法上の義務を負うのは、当該労働者を使用することにより、法定労働時間を超えて当該労働者を労働させるに至った（すなわち、それぞれの法定外労働時間を発生させた）使用者となります。

したがって、一般的には、通算により法定労働時間を超えることとなる所定労働時間を定めた労働契約を時間的に後から締結した使用者が、契約の締結に当たって、当該労働者が他の事業場で労働していることを確認したうえで契約を締結すべきことから、同法上の義務を負うこととなります。

なお、通算した所定労働時間がすでに法定労働時間に達していることを知りながら労働時間を延長するときは、先に契約を結んでいた使用者も含め、延長させた各使用者が同法上の義務を負うこととなります。

労働基準法「総則」

労働基準法とは
どんな法律か

24 労働基準法の適用範囲

適用される事業とは

労働基準法は、基本的にすべての事業に適用されます。法人・個人事業主を問いません。労働者を1人でも雇い入れて使用すれば適用されるので、たとえば「雇っている労働者が10人未満だから適用されない」ということはありません。

一方、その使用する労働者がパートタイマーやアルバイトなどであっても、「職業の種類を問わず」（労基法9条）適用されるのです。

ただし、同居の親族のみを使用して事業を営んでいる場合やお手伝いさんなどの家事使用人は適用除外となります（同法116条2項）。

なお、ここでいう事業とは、業として継続的に行なわれているものをいい、営利・非営利とは無関係です。

労基法の適用単位

労働基準法が適用される単位のことを「適用事業」といい、適用される場所としての単位を「適用事業場」と呼びます。

したがって、適用単位は企業全体を一体として適用するのではなく、各営業所や各工場ごとに一つの適用事業場として適用されます。

これは、労働基準法が作業現場における労務人事をそれぞれの実情に応じて管理し、労働者の意見等を活かしていこうとするところによるものです。

国際的な適用範囲について

労働基準法は、日本国内にあるものについては外国企業にも、それが独立した事業である限りすべて適用されます。

しかし、日本の企業が外国に支店・工場などを設けた場合、それが一つの独立の適用事業として実態を備えた場合には、適用は及びません。ただし、海外への出張作業の場合などは、国内にある事業の一部として労働基準法は適用されます。

また、日本国内の事業に使用される者は日本人、外国人を問わず労働基準法の保護の対象となります。

◎労働基準法の適用単位と適用除外◎

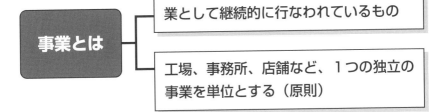

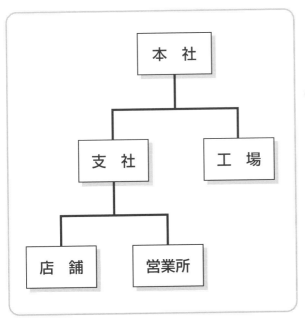

- 労働基準法は「事業」を単位として適用する
- 事業は、場所的概念によって決定すべきである

(昭22.9.13基発17号)

【適用除外】

同居の親族
家族経営の小売店で働く親族

家事使用人
お手伝いさん（紹介業者などで雇われている者は除く）

25 「労働者」とは

労働基準法上の労働者とは

労働基準法9条において、「労働者とは職業の種類を問わず、事業または事業所に使用される者で賃金を支払われる者をいう」と定められています。

つまり、労働基準法の適用を受ける労働者とは、事業において、

① 「使用される者」であり、

② 「賃金を支払われる者」

ということです。

労働者性の判断基準は「使用従属性」で

上記①は、労務を提供し、使用者の指揮命令を受けて支配従属関係の下で働くことであり、仕事を命じられたにもかかわらず、「その仕事はしません」といって自由または任意に拒絶できない指揮監督下に入ることを「使用従属関係」に入るといいます。

また、上記②については、一定時間の労務の提供に対する対価として賃金を請求できる地位・立場についた者をいいます。

一般的に、この2つを備えていると「使用従属性」があるとされ、労働者に該当することになります。

請負・委任契約等の場合の「労働者性」

通常、請負人・受任者は自らの責任・判断により業務を遂行する者で、独立性が強く労働者には該当しませんが、実態として使用従属関係が認められれば、労働者に該当することがあります。

これは、個別の事例で判断していく必要があります。

インターンシップの学生は労働者か？

新卒採用の際に増えている「インターンシップ」ですが、果たしてインターンシップで会社にやってくる学生は、「労働者」となるのでしょうか？

これについては、たとえば「実習」が見学や体験的なものであり、使用従属関係が認められない場合には労働者には該当しません。

64

◎「労働者」に該当するか否か◎

	労働者に該当しない	労働者に該当する
請負	（原則）	実態として使用従属関係が認められる場合
委任	（原則）	実態として使用従属関係が認められる場合
法人などの役員	（原則）	業務の執行権を持たず、賃金を受けているような場合
共同経営の事業者	（原則）	共同経営の事業の出資者でも、会社との間に使用従属関係があり、賃金を受けて働いている場合
インターンシップの学生	実習が、見学・体験目的である場合	その作業によって、利益、効果が事業場に帰属し、使用従属性が認められる場合
労働組合の専従職員	会社との使用従属関係がなく、労働組合とのみ労働関係がある場合	会社に在籍したまま労務の提供義務を免除され、組合の業務に専従している場合

　ただし、直接、生産活動に従事し、その利益・効果が事業場に帰属し、かつ使用従属関係が認められる場合は、労働者に該当するので要注意です。

26 「使用者」とは

使用者の範囲

　労働基準法において「**使用者**」という言葉は、禁止規定や義務にかかわる規定で多く登場してきます。これは、労基法が労働者保護のための法律で、使用者側に制限を課し、違反行為に対しては刑事制裁を科すという特色・性格と関連しているからです。したがって、この使用者には誰が当たるのかをしっかりと理解しておくことが大切です。

　労基法10条では、以下の３つが使用者とされています。

①事業主

②事業の経営担当者

③その他、事業の労働者に関する事項について事業主のために行為をするすべての者

　①の事業主とは、法人組織の場合はその法人そのものであり、個人企業の場合はその事業主個人です。

　②は、具体的には法人の代表者、支配人、工場長などを指します。

　③は、労働条件の決定や業務命令を行ない、部下を具体的に指揮監督する者のことです。

　ですから、使用者の範囲は役職名・地位とは関係なく、**権限と責任に応じて決まる**のです。１人でも部下を使用すれば、その部下に業務命令を出して指揮監督する点において使用者となります。

出向、派遣の場合

　出向には、**在籍出向**と**移籍出向**とがありますが、在籍出向の場合は、出向者は出向元・出向先の両方で二重の雇用関係が発生するため、出向元・出向先の両方が使用者となり、一方、移籍出向の場合は、元の会社は退職して移籍先に雇用されることから、労基法における使用者責任はすべて出向先が負うことになります。

　また、**労働者派遣**については、本来であれば派遣元が使用者責任を負うことになるのですが、特例法により派遣先も「**みなし使用者**」とされ、派遣先にも一部、責任負担が生じます。

◎使用者と労働者の概念◎

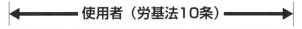

労働基準法上の使用者が、同時に労働者である場合もあることに注意！

◎出向・派遣の形態と使用者責任◎

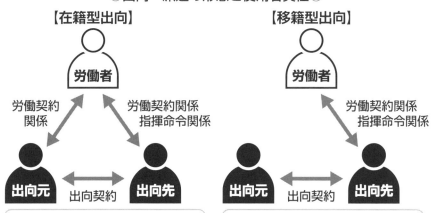

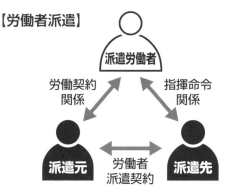

27 労働基準法の基本原則

労働条件の原則

　そもそも**労働条件**は、その当事者間、つまり**使用者と労働者とで話し合って決定**すべきものです。

　しかし現実的には、使用者が経済的・社会的に優位な立場に立つことがほとんどで、労働者は交渉において不利な条件を飲まざるを得ないことになります。

　そこで、労働基準法１条１項で、「労働者が人たるに値する生活を営むための必要を充たすべきものでなければならない」と定め、最低限の労働条件について規定しています。

　したがって、労使はより一層の労働条件の向上に努めなければならず、最低の労働条件に違反する条件を定めることは許されません。

　違反に対しては、刑事罰が科されることがあり、違反している労働契約を締結しても無効となります。

労働条件決定の原則

　労基法２条１項には、「労働条件は、労働者と使用者が、対等の立場で決定すべきものである」という労働条件決定の原則が定められています。労働基準法の強行法規性から、実質的に対等の立場であることが確実に実施されるよう明文化されているわけです。

　そして、労働条件の多くは、労働協約や就業規則によって集団的に決定、変更されたり、個別的には労働契約によって定められることになります。

　労働者と使用者は、**労働協約、就業規則、労働契約を遵守**して、誠実にそれぞれの義務を履行するべきものとされています。

均等待遇の原則

　労基法では、国籍、信条、社会的身分を理由に労働条件を差別することは禁止されています。

　この差別的取扱いは、労働者の待遇の一切を意味し、賃金、労働時間から解雇、災害補償、安全衛生などの労働条件も含まれます。

68

◎公民権の行使の保障（労基法7条）◎

①公民としての権利

- ●選挙権　●被選挙権
- ●国民審査　●住民投票　など

（※訴権の行使は該当せず）

②公の職務

- ●議員　●労働委員会委員
- ●裁判員　●証人　など

労働者が
必要な時間を請求した
場合には、
使用者は
拒んではならない

権利の行使、職務の執行を妨げない限り、時刻の変更は可能

【公民権行使のために勤務しない時間】

有給
or
無給
とするかは、使用者の自由裁量

　なお、性別による差別は男女雇用機会均等法で、労働組合員による差別は労働組合法で、それぞれ禁止されていることに留意してください。

28 前近代的な拘束の排除

強制労働の禁止

暴行、脅迫、監禁、精神・身体の不当拘束による労働の強制は、不当な手段として、労働基準法で禁止されています。

逆に、職場秩序維持のための懲戒処分や指導教育は、正当な方法であるので許されています。

中間搾取の排除

中間搾取は、俗に「ピンハネ」と呼ばれ、禁止行為です。

ただし、例外として、職業安定法・船員職業安定法にもとづく職業紹介や労働者の募集は認められています。

損害賠償予定や違約金の禁止

労働契約の不履行があった場合に、実際の損害の有無にかかわらず、一定の金額を支払うことをあらかじめ定めることは労働基準法で禁止されています。

では、たとえば留学費用を貸与し、帰国後、一定期間勤務すれば返済を免除するが、勤務しないで退職した者には返済させるという制度については、どうでしょうか?

この場合は、貸借契約が作成され、返済方法が合理的に定められているうえで、一定の条件の下でその返済を免除するのであれば、差し支えありません。

前借金相殺の禁止

労基法17条には、「使用者は、前借金をその他労働することを条件とする前貸の債権と賃金を相殺してはならない」と定められています。

たとえば、大学在学中における入社を目的として給付する育英奨学金は前受金に当たり、入社後の賃金から相殺控除することは労基法違反になります。

強制貯金の禁止

使用者が労働者に対して強制的に、①使用者指定の銀行・郵便局に預貯金させたり、②労働者の通帳・印鑑を保管することは禁止されていま

◎前近代的な拘束の排除に関する罰則◎

違反規定	罰　則
●強制労働の禁止 （労基法5条）	1年以上10年以下の懲役 または 20万円以上300万円以下の罰金
●中間搾取の排除 （同法6条）	1年以下の懲役 または 50万円以下の罰金
●賠償予定額の禁止 （同法16条） ●前借金相殺の禁止 （同法17条） ●強制貯金 （同法18条）	6か月以下の懲役 または 30万円以下の罰金

最も厳しい罰則

【参考】

憲法18条（奴隷的拘束および意に反する苦役の禁止）
何人も、いかなる奴隷的拘束も受けない。また、犯罪による処罰の場合を除いては、その意に反する苦役に服させられない。

す。
　労働者から委託を受け、所定の労使協定を締結し、所轄の労働基準監督署長に届出をして、初めて社内預金は実施できるのです（146ページ参照）。

なるほどQ&A②
職場のハラスメントとは？

Q セクハラ（セクシャル・ハラスメント）には２つの類型があるとのことですが、どのようなものでしょうか？

A セクハラには、「対価型」と「環境型」の２つの類型があります。「対価型」とは、性的な言動を拒否することで、解雇、降格、減給等の労働条件での不利益を受けることです。

オフィス内で上司が女性の部下に対して性的な関係を要求したところ、拒絶されたため、その社員を解雇するようなことが典型例です。

「環境型」とは、性的な言動により、就業環境が不快なものとなり、従業員が就業するうえで看過できない程度の支障が生じることです。

たとえば、仕事中に性的な冗談を言われたり、必要なく身体へ接触されたりして不快な気分にさせられることなどがあげられます。

Q 部下を無視することはパワハラ（パワー・ハラスメント）になるのでしょうか？

A パワハラに当たるかどうかは、事案ごとに、具体的な内容を十分に調査して判断すべきものですが、①優越的な関係にもとづいて（優位性を背景に）行なわれること、②業務の適正な範囲を超えて行なわれること、③身体的もしくは精神的な苦痛を与えること、または就業環境を害すること、という３つの要素をすべて満たしていることが、パワハラに該当するための要件です。

「部下を無視する」行為は、パワハラとして例示されている６つの類型のうち、「人間関係の切り離し」という類型に属するため、上記の３要素を満たしていれば、原則としてパワハラに該当するものと考えてよいでしょう。

労働基準法「労働契約」

労働契約、解雇について知っておきたいこと

労働条件の明示についても知っておきましょう。

29 労働契約の効力

労働契約とは

労働基準法には、「**労働契約**」の定義は定められていません。

労働契約法においても、定義についての規定はありませんが、同法6条において、「労働契約は、労働者が使用者に使用されて労働し、使用者がこれに対して賃金を支払うことについて、労働者および使用者が合意することによって成立する」と定めていることから、**労働者が使用者の指揮命令の下に労務を提供し、使用者がその対価として賃金を支払う契約**が、労働契約であるといえます。

労働基準法に違反する労働契約の効力

労働基準法で定める基準に達しない労働条件を定めた労働契約はすべて無効になるのではなく、その**達しない部分だけが無効**となります。

この場合、無効となった部分は自動的に労働基準法に定める基準によるところとなります。

たとえば、1日の労働時間を9時間と定めて労働者に労働させた場合、1日の8時間（**法定労働時間**）を超える分が違反となって無効となり、8時間が**所定労働時間**とみなされ、超えた1時間分の時間外勤務手当を支払わなければならないわけです。

就業規則に違反する労働契約の効力

就業規則で定める基準に達しない労働条件を定めた労働契約も同様に、その達しない部分が無効となり、無効となった部分は自動的に就業規則に定めた基準によるところとなります。

労働協約に違反する労働契約の効力

上記以外に労働契約の効力に影響を及ぼすものとして、使用者と労働組合が団体交渉の結果、労働条件その他について合意した文書である**労働協約**があります。

この労働協約に反する労働契約についても、その違反した部分は無効となってしまうので留意してください。

◎労働基準法に違反する労働契約◎

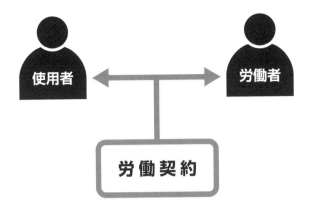

(例)

| 1日の労働時間は9時間とする |

法定労働時間(8時間)に違反
8時間を超えて労働した分は、2割5分増の割増賃金を払わなければならない。

◎就業規則に違反する労働契約◎

就業規則

1日(8時間労働)の所定賃金は10,000円とする。

VS.

労働契約

1日(8時間労働)の所定賃金は8,000円とする。

就業規則で定めた基準を下回るため無効

就業規則の金額(10,000円)とする。

30 契約期間に関するルール

労働契約期間の上限

正社員が一般的に期間の定めのない労働契約を締結しているのに対し、契約社員やパートタイマーなどは期間の定めのある労働契約（**有期労働契約**）を締結していることが通例です。

この契約期間には上限が設定されていて、原則として**3年**となっています。3年を超える期間を定めた場合は、3年に短縮されます。

ただし、労働基準法では例外が認められており、①高度専門業務従事者、②満60歳以上の労働者については、**5年**が上限となります。

また、建築工事など一定の事業の完了に必要な期間を定める場合や労基法70条の職業訓練の必要がある場合は、**3年を超える契約期間**を定めることができます。

有期労働契約の雇止めの予告と理由の明示について

有期労働契約の場合、契約を更新するのか、終了（**雇止め**）するのかで、労使間にトラブルが発生することがあります。

このトラブルを未然に防止するためにも、使用者は、手続きに関して以下の事項を正しく理解しておくことが大切です。

【雇止めの予告】

契約が3回以上更新され、または1年を超えて継続勤務している者の有期労働契約（あらかじめ更新しないことが明示されているものを除く）の終了の予告は、少なくとも**契約満了日の30日前**までに行なわなければなりません。

【理由の明示】

労働者が、契約を更新しない理由について証明書を請求したときは、使用者は遅滞なく交付しなければなりません。

ここで明示する理由は、契約期間満了とは別の理由、たとえば「担当業務の終了・中止による」「業務遂行能力が十分でないため」「無断欠勤等勤務不良のため」などです。

◎有期労働契約の期間の上限◎

労働基準法による規制

【原則】 ３年が上限

【例外】

⑴　高度の専門的知識等を有する労働者 　　①博士の学位を有する者 　　②公認会計士、医師、歯科医師、獣医師、弁 　　護士、一級建築士、税理士、薬剤師、社会 　　保険労務士、不動産鑑定士、技術士または 　　弁理士　など	上限５年
⑵　満60歳以上の者	上限５年
⑶　一定の事業の完了に必要な期間を定める者 　　（有期の土木・建築工事等）	その期間

労働契約法による規制

使用者は、有期労働契約について、その有期労働契約により労働者を使用する目的に照らして、必要以上に短い期間を定めることにより、その有期労働契約を反復して更新することのないよう配慮しなければならない。（同法17条2項）

31 労働条件の明示義務

労働条件の明示事項

労働基準法15条1項において、「使用者は、労働契約の締結に際し、労働者に対して賃金、労働時間その他の労働条件を明示しなければならない」と定められ、同法施行規則5条で右ページ図のとおり、15項目が明記されています。

このなかで①から⑦は**絶対的明示事項**、⑧から⑮は**相対的明示事項**といわれていますが、①から⑥については、原則として**書面の交付が必要**です。ただし、2019年4月1日から、労働者が希望した場合は、ＦＡＸや電子メール、ＳＮＳ等でも明示できることになりました（86ページ参照）。

明示する時期

使用者が労働条件を明示するのは、**採用を正式に決定したとき**です。したがって、新卒学生の採用決定はいつのタイミングとなるかが問題となります。

一般には、10月に内定式を行ない、入社誓約書を提出させることが法理論上は採用決定の時期です。

しかし、この時期には初任給の金額は決定していないことが多く、賃金に関する文書の交付は事実上困難であるため、最終的には入社時に交付される辞令等で、賃金の等級や金額が示されているものであれば、差し支えないとされています。

有期労働契約の更新の基準の明示

有期労働契約の場合は、有期労働契約を更新する場合の基準についても、契約締結時に書面の交付による明示が義務づけられています。

この「更新の基準」とは、「更新の有無」や「契約更新の判断基準」のことです。

明示された労働条件が事実と相違する場合

労働基準法では、「明示された労働条件が事実と相違する場合には、労働者は、即時に労働契約を解除できる」（同法15条2項）とあります。

◎労働条件で明示しなければならないこと◎

必ず明示（絶対的明示事項）

①労働契約期間

②有期労働契約を更新する場合の基準

③就業の場所・従事すべき業務

④労働時間

⑤賃金の決定・計算・支払いの方法、賃金の締切り・
支払いの時期

⑥退職に関する事項（解雇の事由を含む）

⑦昇給

原則、書面交付

定めた場合は明示（相対的明示事項）

⑧退職手当の定めが適用される労働者の範囲、退職手当の
決定・計算・支払いの方法、退職手当の支払いの時期

⑨臨時に支払われる賃金、賞与、最低賃金

⑩労働者に負担させるべき食費、作業用品

⑪安全衛生

⑫職業訓練

⑬災害補償、業務外の傷病扶助

⑭表彰・制裁

⑮休職

そして、当該労働者が就業のために住居を変更していた場合で14日以内に帰省するときには、使用者は帰省に必要な旅費を負担しなければなりません。

32 解雇に関する制限

解雇の効力に対する制限

労働契約法16条において、**解雇**は「客観的・合理的理由」と「社会通念上の相当性」が認められなければ、権利の濫用により無効になるとして、「**権利濫用法理**」にもとづき一定の制限を課しています。

この「権利濫用」の考え方は長く判例で採用され、2004年の改正労働基準法で取り入れられた（同法18条の2）ものが、労働契約法制定時（2008年）に労基法から切り離されて現在に至っています。

実務上は、この「権利濫用法理」が厳格に適用されるため、世間一般で考えられているように簡単に労働者を解雇できるものではありません。

解雇制限期間とは

一方、労働基準法上の解雇制限としては、同法19条の解雇期間に関する制限があります。

これは、以下の期間については、解雇を禁止するとしているものです。

①**業務上の負傷、疾病による療養のために休業する期間およびその後30日間**

②**産前産後休業期間およびその後の30日間**

ただし、この期間であっても、以下にあげる場合については解雇することができます。

①**業務上の傷病による休業に対する打切り補償の支払いを行なった場合**

②**天災事変その他やむを得ない事由のために事業の継続が不可能となった場合**

ちなみに、①の「**打切り補償**」とは、労働者が療養開始後3年を経過しても負傷または疾病が治癒しない場合において、使用者は平均賃金の1,200日分を支払うことで、その後の療養補償、休業補償などを打ち切ることをいいます。

なお、②については所轄労働基準監督署長の除外認定が必要です。

◎労基法による解雇制限期間◎

1 労災による休業の場合

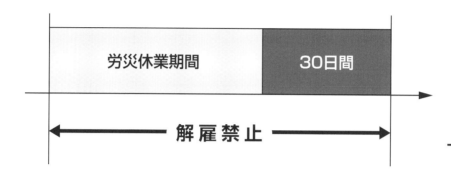

2 産前産後休業の場合

【例外】

①打切り補償の支払いを行なった場合

②天災事変等により事業の継続が不可能となった場合

33 解雇予告が必要な場合

解雇予告とは

使用者は、労働者を解雇しようとする場合においては、少なくとも30日前に予告しなければなりません。もしくは、予告に代えて30日分以上の平均賃金を支払わなければなりません（労基法20条1項）。

なお、予告日数については平均賃金1日分以上の金額を支払うと、その日数分だけ予告期間を短縮することができます。

また、解雇予告は**解雇日を特定**して行なわなければなりません。不確定期限を付した予約や条件付きの解雇予告はできないことに留意してください。

解雇予告の除外事由

解雇予告の適用除外となる事由には、以下の2つがあります。

①**天災事変その他やむを得ない事由のために事業の継続が不可能となった場合**

②**労働者の責に帰すべき事由にもとづいて解雇する場合**

ただし、この2つの事由に該当するために即時解雇しようとする場合には、所轄の労働基準監督署長の認定を受ける必要があります。

解雇予告の適用除外

以下にあげる者については、解雇予告制度は適用されないため、即時解雇することが可能です。

①**日日雇い入れられる者**

ただし、1か月を超えて使用されるに至った場合を除きます。

②**2か月以内（季節的業務の場合は4か月以内）の期間を定めて使用される者**

ただし、所定の期間を超えて使用されるに至った場合を除きます。

③**試用期間中の者**

ただし、14日を超えて使用されるに至った場合を除きます。

◎即時解雇ができる場合◎

①天災事変等により事業の継続が不可能となった場合

②労働者の責に帰すべき事由がある場合

労働基準監督署長の認定が必要

【②の例】

- 盗取・横領・傷害などの刑法犯
- 賭博・風紀紊乱など
- 重大な経歴詐称
- 他の事業場への転職
- 2週間以上の無断欠勤
- 出勤不良

34 退職時等に必要な措置

退職時等の証明

労働者が退職に際して、**退職時の証明書**の交付を請求した場合には、退職事由のいかんを問わず、使用者は遅滞なく交付しなければなりません。

また、使用者は労働者から、解雇予告日から退職日までの間に、**解雇理由についての証明書**を請求された場合には、遅滞なく交付しなければなりません。

この証明書における理由は、具体的に示す必要があり、就業規則の条項に該当することを理由とする解雇の場合には、就業規則の当該条項の内容などを記入することが必要です。

解雇理由の証明書については、厚生労働省が右ページのモデル様式を作成しているので参考にするとよいでしょう。

ブラックリストの禁止

使用者は、あらかじめ第三者と謀って好ましくない労働者を排除する目的でブラックリストを作成・回覧することが禁止されています。

ブラックリストとは、①国籍、②信条、③社会的身分、④労働組合運動の4つにかかわる事項です。

また、退職時の証明書に秘密の記号を記入することについては、事項を問わず一切禁止となっています。

金品の返還

労働者が死亡または退職した場合に、使用者は本人または相続人などの権利者から請求があったときは、7日以内に賃金を支払い、積立金、保証金、貯蓄金その他名称のいかんを問わず、労働者の権利に属する金品を返還しなければなりません。

なお、この賃金または金品に関して労使間で争いがある場合には、使用者は異議のない部分を7日以内に支払い、または返還しなければならないことになっています。

◎「解雇理由証明書」のモデル様式◎

3章

労働基準法「労働契約」

労働契約、解雇について知っておきたいこと

解 雇 理 由 証 明 書

_____ 殿

　当社が、_____ 年 _____ 月 _____ 日付けであなたに予告した解雇については、以下の理由によるものであることを証明します。

　　　　　　　　　　　　　　　　　　　　　年 　　　月 　　　日

　　　　　　　　事業主氏名又は名称
　　　　　　　　使 用 者 職 氏 名

〔解雇理由〕※1、2

1　天災その他やむを得ない理由（具体的には、

　　　　　　　　によって当社の事業の継続が不可能となったこと。）による解雇

2　事業縮小等当社の都合（具体的には、当社が、

　　　　　　　　　　　　　　　　　　　　となったこと。）による解雇

3　職務命令に対する重大な違反行為（具体的には、あなたが

　　　　　　　　　　　　　　　　　　　したこと。）による解雇

4　業務については不正な行為（具体的には、あなたが

　　　　　　　　　　　　　　　　　　　したこと。）による解雇

5　勤務態度又は勤務成績が不良であること（具体的には、あなたが

　　　　　　　　　　　　　　　　　　　したこと。）による解雇

6　その他（具体的には、

　　　　　　　　　　　　　　　　　　　　　　　　）による解雇

※1　該当するものに○を付け、具体的な理由等を（　）の中に記入すること。
※2　就業規則の作成を義務付けられている事業場においては、上記解雇理由の記載例にかかわらず、当該就業規則に記載された解雇の事由のうち、該当するものを記載すること。

（厚生労働省ホームページより）

なるほどQ&A③
書面交付以外の労働条件の明示方法とは？

Q 労働条件の明示方法が、書面交付以外に電子メールなどでもできるようになったということですが、具体的に教えてください。

A 労働条件の明示方法は、これまで書面交付に限られていましたが、2019年4月1日からは、次の①から③のような方法で明示することができるようになりました。ただし、以下に示したとおり一定の制限があるので留意してください。
① ＦＡＸ
② Ｅメールや、Yahoo!メール、Gmail等のWebメールサービス
③ ＬＩＮＥやメッセンジャー等のＳＮＳメッセージ機能　等

【制限について】
● 労働者が希望した場合に限られる
　労働者が希望していないにもかかわらず、一方的に、ＳＮＳ等で明示することはできません。労働者が希望していないときは、原則どおり書面を交付してください。
● 出力して書面を作成できるものに限られる（※）
　労働者の個人的な事情によらず、一般的に出力可能な状態であれば、出力して書面を作成できると認められます。
（※）　メール・ＳＮＳで明示する場合には、印刷や保存がしやすいように、添付ファイルで送ることを推奨します。ＳＭＳ（ショート・メール・サービス）等による明示は禁止されていませんが、ＰＤＦ等のファイルが添付できず、文字制限もありますので望ましくありません。
　なお、第三者に閲覧させることを目的としている労働者のブログや個人のホームページへの書込みによる明示は認められません。

労働基準法「労働時間、休憩、休日」

労働時間と休憩・休日の
ルールはこうなっている

36協定の知識は必須です。

35 労働時間とはそもそも何か

労基法に労働時間を定義する規定はない

　わが国では、「労働時間」と賃金は密接に紐づいており、労働者を長時間働かせれば、その分多くの賃金を支払う義務が生じます。また昨今、長時間労働・過重労働によって脳・心疾患を罹患し、健康障害が誘発される労働者が増加しており、**長時間労働の是正が急務**となっています。

　しかし、それだけ重視すべき「労働時間」ですが、労働基準法においては、労働時間そのものを定義する規定は見当たらないのです。

　そのため、最高裁の判例がいわゆる「**判例法理**」としての役割を果たし、一定の概念が確立されています。それは、「労働時間に該当するか否かは、労働者の行為が使用者の指揮命令下に置かれたものと評価することができるか否かにより客観的に定まるものであって、労働契約、就業規則、労働協約等の定めのいかんにより決定されるものではない」（三菱重工業長崎造船所事件／最高裁一小／平12.3.9判決）とした判例で、端的にいうと、「**労働時間は労働者が労働契約にもとづいて、使用者の指揮命令下に置かれている時間をいう**」と解されています。

労働からの解放が保障されているか

　「使用者の指揮命令下に置かれたものと評価できるか否か」のポイントは、使用者から業務の遂行を義務づけられているか、または余儀なくされているかどうかによって判断されます。

　たとえば、労働の密度が比較的少ない**仮眠時間等の不活動時間**について、「不活動仮眠時間において、労働者が実作業に従事していないというだけでは、使用者の指揮命令下から離脱しているということはできず、当該時間に労働者が労働から離れることを保障されていて初めて、労働者が使用者の指揮命令下に置かれていないものと評価することができる。したがって、不活動仮眠時間であっても労働からの解放が保障されていない場合には労基法上の労働時間に当たるというべきである。そして、当該時間において労働契約上の役務の提供が義務づけられていると評価される場合には、労働からの解放が保障されているとはいえず、労働者

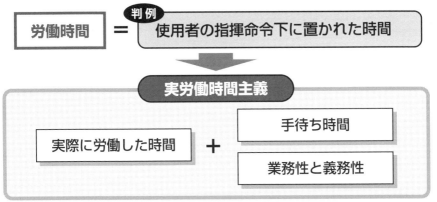

	労働時間性の判断基準
手待ち時間	指揮命令下にあって就労のために待機している時間であり労働時間
準備時間	指揮命令下に行なわれる本来の作業に付帯して行なわれる通常必要不可欠な準備や整理時間であれば労務提供義務と不可分一体性があり労働時間
教育訓練	「労働者が、使用者の実施する教育に参加することについて、就業規則上の制裁等の不利益な取扱いによる出席の強制がなく、自由参加のもとであれば、時間外労働にはならない」（昭26.1.20基収2375号）
健康診断	「労働者に対して行なわれる一般健康診断は、業務遂行との関連において行なわれるものではないので、その受診のために要した時間は当然には使用者の負担すべきものではないが、労働者の健康の確保は、事業の円滑な運営に不可欠な条件であることを考えると、その受診に要した時間の賃金を使用者が支払うことが望ましい」（昭47.9.18基発602号）
出張の往復時間	「出張中の休日はその日に旅行する等の場合であっても、旅行中における物品の監視等別段の指示がある場合の外は休日労働として取り扱わなくても差し支えない」（昭23.3.17基発第461号、昭33.2.13基発第90号）

は使用者の指揮命令下に置かれているというのが相当である」（大星ビル管理事件／最高裁一小／平14.2.28判決）とされています。

つまり、実作業に従事していない時間でも、労働からの解放が保障されていなければ、労基法上の労働時間として認められることになります。

36 労働時間適正把握ガイドラインとは

使用者が講ずべき措置を具体的に明らかにした

　社会的に大きな波紋を呼んだ大手広告代理店による過労自殺事件を受け、政府は2016年12月26日に「過労死等ゼロ緊急対策」を発出し、翌2017年1月20日に、「**労働時間の適正な把握のために使用者が講ずべき措置に関するガイドライン**」を策定しました。

　そもそも、労働基準法においては、労働時間、休日、深夜業等について規定を設け、使用者は、労働時間を適正に把握するなど労働時間を適切に管理する責務を有していますが、実態をみると、労働時間の把握に係る自己申告制の不適正な運用等に伴い、同法に違反する過重な長時間労働や割増賃金の未払いといった問題が生じているなど、使用者が労働時間を適切に管理していない状況もみられます。

　そこで、ガイドラインを策定することで、労働時間の適正な把握のために使用者が講ずべき措置を具体的に明らかにしたのです。

労働時間として扱わなければならない具体例

　まず、本ガイドラインの対象事業場は、労基法のうち**労働時間に係る規定が適用されるすべての事業場**であり、本ガイドラインにもとづき使用者が労働時間の適正な把握を行なうべき対象労働者は、労基法41条に定める管理監督者およびみなし労働時間制が適用される労働者を除くすべての者であることを明確にしています。

　労働時間とは、使用者の指揮命令下に置かれている時間のことをいい、使用者の明示または黙示の指示により労働者が業務に従事する時間は労働時間に当たるとし、次の①〜③のような時間は、労働時間として扱わなければなりません。

①使用者の指示により、就業を命じられた業務に必要な準備行為（着用を義務づけられた所定の服装への着替え等）や業務終了後の業務に関連した後始末（清掃等）を事業場内において行なった時間

②使用者の指示があった場合には、即時に業務に従事することを求められており、労働から離れることが保障されていない状態で待機等して

◎労働時間の適正な把握のために使用者が講ずべき措置◎

●使用者は、労働者の労働日ごとの始業・終業時刻を確認し、適正に記録すること

(1) 原則的な方法
- ●使用者が、自ら現認することにより確認すること
- ●タイムカード、ICカード、パソコンの使用時間の記録等の客観的な記録を基礎として確認し、適正に記録すること

(2) やむを得ず自己申告制で労働時間を把握する場合
- ①自己申告を行なう労働者や、労働時間を管理する者に対しても自己申告制の適正な運用等ガイドラインにもとづく措置等について、十分な説明を行なうこと
- ②自己申告により把握した労働時間と、入退場記録やパソコンの使用時間等から把握した在社時間との間に著しい乖離がある場合には実態調査を実施し、所要の労働時間の補正をすること
- ③使用者は労働者が自己申告できる時間数の上限を設ける等、適正な自己申告を阻害する措置を設けてはならないこと。さらに、36協定の延長することができる時間数を超えて労働しているにもかかわらず、記録上これを守っているようにすることが、労働者等において慣習的に行なわれていないか確認すること

●賃金台帳の適正な調製

使用者は、労働者ごとに、労働日数、労働時間数、休日労働時間数、時間外労働時間数、深夜労働時間数といった事項を適正に記入しなければならないこと

いる時間（いわゆる「手待ち時間」）
③参加することが業務上義務づけられている研修・教育訓練の受講や、使用者の指示により業務に必要な学習等を行なっていた時間

37 法定労働時間と所定労働時間

法定労働時間とは

労働基準法32条では、使用者は労働者に、休憩時間を除いて1週間について40時間（特例措置対象事業場は44時間）を超えて、また、1週間の各日については8時間を超えて労働させてはならないと定められています。つまり、「これ以上働かせてはいけません」と法律で制限されている労働時間を、一般的に「**法定労働時間**」というのです。

この法定労働時間の規制に違反して労働者に労働させた使用者には、6か月以下の懲役または30万円以下の罰金という刑事罰による制裁があり、労働者とこうした規制に違反する合意をした場合でも、その合意は無効となり、無効となった部分は上記の基準のとおりに修正されます。

たとえば、就業規則等において、使用者が労働者との間に1日9時間労働として契約した場合でも、労基法に抵触するため、その契約は無効となり、労基法で定める8時間労働に是正されることになります。

所定労働時間とは

一方の「所定労働時間」は、法定労働時間の範囲内で**会社が就業規則等で独自に決めることができる**労働時間をいいます。たとえば、就業規則において就業時刻を午前9時から午後5時まで（休憩1時間を除く）、と定めている会社の場合、所定労働時間は7時間ということになって、法定労働時間の8時間とは必ずしもリンクしません。

また、この会社の労働日数が1週5日だった場合、1週35時間労働となり、やはり1週40時間と定めた法定労働時間より5時間も差が生じることになります。

法定労働時間を超えると割増賃金が必要

法定労働時間と所定労働時間の相違点が如実に表われるのは、**時間外労働の割増賃金**です。

時間外労働として25％以上の割増賃金を支払わなければならないのは、あくまでも法定労働時間を超えた時間についてなので、所定労働時間が7時間である会社の場合、法定労働時間の8時間に至るまでの時間、あ

92

◎労基法32条の規定と法定労働時間・所定労働時間の違い◎

> **第32条** 使用者は、労働者に、休憩時間を除き1週間について40時間を超えて、労働させてはならない。
> 2 使用者は、1週間の各日については、労働者に、休憩時間を除き1日について8時間を超えて、労働させてはならない。

法定労働時間	1日8時間、週40時間
所定労働時間	法定労働時間以内で会社ごとに決定される労働時間

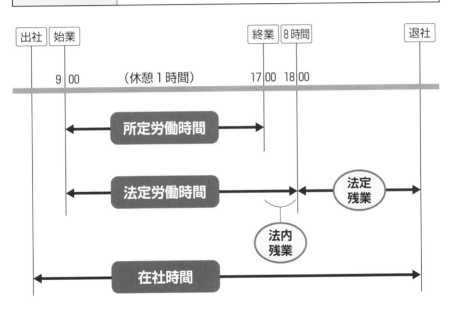

るいは1週40時間に至るまでの時間については割増賃金の支払いは必要ありません。これを一般的に「**法内残業**」と呼んでいます。

38 1か月単位の変形労働時間制とは

1か月以内の週平均労働時間が法定労働時間を超えない

　「1か月単位の変形労働時間制」とは、1か月以内の一定の期間を平均し、1週間の労働時間が法定労働時間である週40時間（特例措置対象事業場は44時間）以内の範囲内において、1日あるいは1週間の法定労働時間を超えて労働させることができる制度です。

　1か月単位の変形労働時間制を導入するためには、労使協定の定め、または就業規則等の定めが必要となります。

　しかし、労使協定にもとづいて実施する場合でも、実施するには根拠が必要となりますから、結局のところ、労使協定にもとづく旨を就業規則等に記載する必要があります。

労使協定にもとづいて実施する場合

　労使協定にもとづいて実施する場合は、事業場ごとに、労働者の過半数で組織する労働組合がある場合はその労働組合、それがない場合には労働者の過半数代表者との間で書面による協定を締結し、これを所轄の労働基準監督署へ届け出る必要があります。

　労使協定で定める事項は、次のとおりです。

① 1か月単位の一定期間を平均し、1週間の労働時間が40時間（特例措置対象事業場は44時間）を超えないこと
② 変形期間
③ 変形期間の起算日
④ 対象労働者の範囲
⑤ 変形期間の各日、各週の労働時間
⑥ 協定の有効期間

就業規則等にもとづいて実施する場合

　一方、就業規則等のみにもとづいて実施する場合も、原則として定めるべき事項は労使協定の場合と同様ですが、労働基準法で定められている**就業規則の絶対的必要記載事項**として「始業・終業の時刻」の記載にも考慮し、各勤務日の始業・終業の時刻を具体的に就業規則に特定して

94

◎労働時間の上限時間の計算方法◎

$$上限時間 = （40時間（特別措置対象事業場は44時間））\times \frac{対象期間の暦日数}{7}$$

対象期間が1か月の場合の上限時間

週の法定労働時間	月の暦日数			
	28日	29日	30日	31日
40	160.0	165.7	171.4	177.1
44	176.0	182.2	188.5	194.8

（単位：時間）

時間外労働に対する割増賃金の計算方法

（昭63.1.1基発1号）

①1日については、就業規則等により8時間を超える所定労働時間を定めた日はその時間、その他の日は8時間を超えて労働した時間

②1週間については、就業規則等により法定労働時間（原則として40時間。特例措置対象事業場は44時間）を超える時間を定めた週はその時間、その他の週は法定労働時間を超えて労働した時間（①で時間外労働となる時間を除く）

③変形期間（1か月以内で定めた期間）については、変形期間における法定労働時間の総枠を超えて労働した時間（①または②で時間外労働となる時間を除く）

おくことが必要です。

　そのほか、変形期間は1か月以内であること、変形期間における所定労働時間の総枠を超えてはいけないこと、変形期間の起算日について、就業規則に明確に規定しなければなりません。

39 1年単位の変形労働時間制とは

労使協定を締結して労基署に届け出る

「1年単位の変形労働時間制」は、1か月を超えて1年以内の期間を平均して1週間当たりの労働時間が40時間を超えないことを条件として、業務の繁閑に応じて、労働時間を配分することができる制度です。

1年単位の変形労働時間制を導入するには、以下にあげる事項すべてについて、事業場ごとに、労働者の過半数で組織する労働組合がある場合はその労働組合、それがない場合には労働者の過半数代表者との間で書面による協定を締結し、これを所轄の労働基準監督署へ届け出る必要があります。

①変形労働時間制によって労働させる労働者の範囲

②対象期間

対象期間は、1か月を超えて1年以内の期間であることが必要です。

③特定期間

対象期間中の特に業務の繁忙な期間です。

④対象期間における労働日および労働日ごとの労働時間

対象期間を1か月以上の期間ごとに区分する場合は、「最初の期間の労働日と各労働日ごとの労働時間」と「残りの各期間の労働日数と総労働時間数」を定め、残りの期間については、各期間の初日の30日前までに労働者の過半数で組織する労働組合等の同意を得て特定する必要があります。

⑤有効期間

上記②の対象期間について、1日の労働時間の限度は10時間、1週間の労働時間の限度は52時間という制限が設けられています。また、対象期間が3か月を超える場合には、次のいずれにも適合しなければなりません。

●労働時間が48時間を超える週は、連続3週以下であること
●対象期間を3か月ごとに区分した各期間において、労働時間が48時間を超える週の初日は3回以下であること

◎1年単位の変形労働時間制を導入する際のポイント◎

- ☐ 対象期間を1か月を超え1年以内とする。
- ☐ 対象期間を平均し、1週間当たりの労働時間が40時間を超えないものとする。
- ☐ 1日10時間、1週52時間以内とする。
- ☐ 連続して労働させる日数は、6日を限度とする。
- ☐ 対象期間における労働日および労働日ごとの労働時間を特定する。
- ☐ 労使協定を締結し、労働基準監督署に届け出る。

年間所定労働日数

365日 − 年間所定休日 × 1日当たりの所定労働時間 × 7日／365日

（例）

所定労働時間　8時間
年間所定休日　105日

（365日−105日）×8時間×7日／365日
≒39時間54分＜40時間

　この場合、連続して労働させることのできる所定労働日数は、6日を限度とされています。

　さらに、特定期間における連続して労働させる日数の限度は、1週間に1日の休日が確保できる日数とされているので、結果として、**連続した所定労働日数は最長12日**となります。

40 フレックスタイム制とは

出社・退社の時刻を労働者が決める

「フレックスタイム制」とは、1か月以内の一定期間（清算期間：32ページ参照）における総労働時間をあらかじめ決めておき、労働者はその枠内で各日の**始業および終業の時刻を自主的に決定**して働く制度です。

フレックスタイム制は、一般に1日の労働時間帯を、必ず勤務すべき時間帯（**コアタイム**）と、その時間帯のなかであればいつ出社または退社してもよい時間帯（**フレキシブルタイム**）とに分けて、出社、退社の時刻を労働者の決定に委ねるケースが多く見受けられます。

ただし、コアタイムを必ず設ける必要はなく、1日の労働時間帯のすべてをフレキシブルタイムとすることも可能です。

労使協定の締結が必要

フレックスタイム制の導入に当たっては、就業規則その他これに準ずるもので、始業および終業の時刻を労働者の決定に委ねる旨を定め、事業場の過半数で組織する労働組合、それがない場合は過半数代表者と右ページの事項について労使協定を締結する必要があります。

また、フレックスタイム制において、実際に労働した時間が清算期間における総労働時間として定められた時間に比べて過不足が生じた場合の取扱いは、次のようになっています。

【清算期間における実際の労働時間に過剰があった場合】

総労働時間として定められた時間分は、その期間の賃金支払日に支払いますが、それを超えて働いた時間分を次の清算期間中の総労働時間の一部に充当することは、その清算期間内における労働の対価の一部がその期間の賃金支払日に支払われないこととなり、労働基準法24条の「**全額払いの原則**」に抵触します。

したがって、清算期間における実際の労働時間に過剰があった場合には、その過剰分はその清算期間内で清算しなければなりません。

【清算期間における実際の労働時間に不足があった場合】

総労働時間として定められた時間分の賃金は、その期間の賃金支払日

◎フレックスタイム制の導入要件◎

（以下の事項について労使協定で定める）
① 労働者の範囲（特定の部署、個人の選択が可能）
② 3か月以内の清算期間
③ 清算期間における起算日
④ 清算期間における総労働時間
⑤ 標準となる1日の労働時間
⑥ コアタイム
⑦ フレキシブルタイム

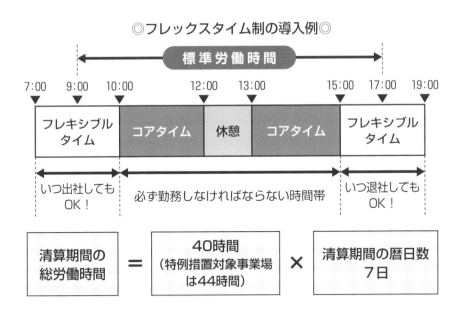

◎フレックスタイム制の導入例◎

に支払いますが、それに達しない時間分（不足分）を加えた翌月の総労働時間が法定労働時間の総枠の範囲内である限り、不足分を翌月に繰り越して清算することができます。

ただし、不足分に相当する賃金をその月の賃金から控除しても差し支えありません。

41 １週間単位の非定型的変形労働時間制とは

特定の事業に限って適用可能

「１週間単位の非定型的変形労働時間制」とは、日ごとの業務に著しい繁閑の差が生じることが多く、かつ、定型的に定まっていないため就業規則等により各日の労働時間を特定することが困難な事業とされる、**常時使用する労働者が30人未満の小売業、旅館、料理・飲食店の事業**に限って適用することができる制度で、１週40時間の範囲内で１日10時間まで労働させることができます。

30人未満である根拠は、短時間労働者などを雇用することで、業務の繁閑に対応できる一般企業と比べて、小規模事業場は人的リソースが乏しく、代替要員などの確保が困難であるからです。

また、ここでいう「30人未満」とは、常態として30人未満の労働者を使用していることを指し、一時的に30人を超える場合は含まれません。

翌週の各日の労働時間を書面で通知する

この制度を導入するためには、事業場の過半数で組織する労働組合、それがない場合には過半数労働者と書面による協定を締結し、所轄の労働基準監督署に届け出なければなりません。

また、この制度によって労働させる場合は、就業規則上の各日の労働時間の特定は不要であるものの、前週のうちに翌週１週間の各日の労働時間を労働者に書面で通知することが必要です。

ただし、緊急でやむを得ない場合は、前日までに書面で通知することによって、事前に通知した労働時間をさらに変更することもできます。

◎「1週間単位の非定型的変形労働時間制」のしくみ◎

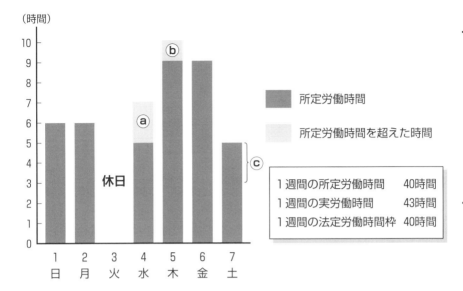

ⓐ 1日について、所定労働時間（5時間）を超えるものの法定労働時間（8時間）内であるので、時間外労働とはならない

ⓑ 1日について、所定労働時間（9時間（＞法定労働時間の8時間））を超えており、時間外労働

ⓒ 1日について、所定労働時間（5時間）内であるが、1週間をトータルでみた場合、週の法定労働時間（40時間）を超えているので時間外労働（ただし、ⓑですでに算出した1時間を差し引いて計算する）

42 事業場外労働のみなし労働時間制とは

事業場外の業務に使用者の指揮監督は及んでいないか

「事業場外のみなし労働時間制」は、まず、労働者が事業場外で労働し、労働時間の算定が困難な場合には、所定労働時間労働したものとみなされる制度です。ただし、通常、所定労働時間を超えて労働する必要がある場合には、「当該業務の遂行に通常必要とされる時間」を労働したものとみなされます。

そして、この「当該業務の遂行に通常必要とされる時間」を定めるに当たっては、事業場の過半数で組織する労働組合、それがない場合は過半数労働者との書面による協定において定めることもできます。この場合、協定した時間が法定労働時間を超える場合には、所轄の労働基準監督署へ届け出ることが必要となります。

しかし、事業場外で業務に従事する場合であっても、使用者の具体的な指揮監督が及んでいる以下にあげる場合には、労働時間の算定が可能であるとして、この制度は適用されません（昭63.1.1基発・婦発1）。

①何人かのグループで事業場外労働に従事する場合で、そのメンバーのなかに労働時間の管理をする者がいる場合

②事業場外で業務に従事するが、無線やポケットベル（携帯電話）等によって随時、使用者の指示を受けながら労働している場合

③事業場において、訪問先、帰社時刻等、当日の業務の具体的指示を受けたのち、事業場外で指示どおりに業務に従事し、その後事業場に戻る場合

したがって、外回りあるいは出張中に管理者が同行して指揮監督を受ける場合、外回り・出張に出かける前に入念な具体的指示を受けている場合は、みなし労働時間制の適用は受けられないことになります。

また、②のように携帯電話等で管理者からそのつど具体的な指示を受ける場合は、みなし労働時間制を適用できませんが、携帯電話を所持していても、その理由が業務の具体的な指示を受けることではなく、緊急時に連絡を取るためのものである場合には、この限りではありません。

◎みなし労働時間制の適用チャート◎

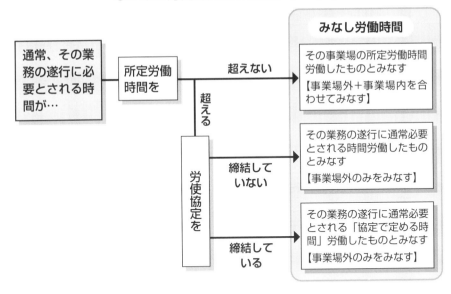

◎事業場外みなし労働時間制における労働時間の算定◎

① 労働時間の全部または一部について事業場外で業務に従事した場合において、労働時間を算定し難いときは、下記②に該当する場合を除き、所定労働時間を労働したものとみなす。

② 上記①において、当該業務を遂行するためには通常、所定労働時間を超えて労働することが必要となる場合、当該業務の遂行に通常必要とされる時間労働したものとみなす。

みなし労働時間に含まれる1時間＋内勤で把握できた1時間＝2時間分は時間外労働としてカウントされる

43 専門業務型裁量労働時間制とは

限定された業務に限って適用される

「専門業務型裁量労働時間制」とは、研究開発の業務などその性質上、業務の遂行の手段や時間の配分などについて、使用者が具体的な指示命令を行なわないことができる制度で、厚生労働省令や厚生労働大臣が指定する右ページにあげた**19業務**に限って認められています。

この専門業務型裁量労働時間制を導入するためには、その事業場の過半数で組織する労働組合、それがない場合には過半数労働者の代表と労使協定の締結および労働基準監督署への届出が必要で、それぞれの業務に必要な時間等をあらかじめ協定し、その業務に従事した労働者は協定で定めた時間を労働したものとみなされます。

たとえば、1日9時間と協定していた場合には、実労働時間が10時間であったとしても9時間労働したものとみなされ、逆に、8時間しか労働していなくても同様に9時間労働したものとみなされることになります。

労使協定では、次の事項について協定する必要があります。

①制度の対象とする業務

②対象となる業務遂行の手段や方法、時間配分等に関し労働者に具体的な指示をしないこと

③労働時間としてみなす時間

④対象となる労働者の労働時間の状況に応じて実施する健康・福祉を確保するための措置の具体的内容

⑤対象となる労働者からの苦情の処理のため実施する措置の具体的内容

⑥協定の有効期間（3年以内とすることが望ましい）

⑦上記④および⑤に関し労働者ごとに講じた措置の記録を協定の有効期間およびその期間満了後3年間保存すること

実務的には、実際に制度を実施する場合には労働契約上の根拠が求められますから、就業規則等においてもこの制度を実施する旨を明記しておくことが必要です。

◎専門業務型裁量労働時間制の対象業務◎

①新商品もしくは新技術の研究開発または人文科学もしくは自然科学に関する研究の業務

②情報処理システム（電子計算機を使用して行なう情報処理を目的として複数の要素が組み合わされた体系であってプログラムの設計の基本となるものをいう。⑦において同じ）の分析または設計の業務

③新聞もしくは出版の事業における記事の取材もしくは編集の業務または放送番組もしくは有線ラジオ放送もしくは有線テレビジョン放送の放送番組の制作のための取材もしくは編集の業務

④衣服、室内装飾、工業製品、広告等の新たなデザインの考案の業務

⑤放送番組、映画等の制作の事業におけるプロデューサーまたはディレクターの業務

⑥広告、宣伝等における商品等の内容、特長等に係る文章の案の考案の業務（いわゆるコピーライターの業務）

⑦事業運営において情報処理システムを活用するための問題点の把握またはそれを活用するための方法に関する考案もしくは助言の業務（いわゆるシステムコンサルタントの業務）

⑧建築物内における照明器具、家具等の配置に関する考案、表現または助言の業務（いわゆるインテリアコーディネーターの業務）

⑨ゲーム用ソフトウェアの創作の業務

⑩有価証券市場における相場等の動向または有価証券の価値等の分析、評価またはこれにもとづく投資に関する助言の業務（いわゆる証券アナリストの業務）

⑪金融工学等の知識を用いて行なう金融商品の開発の業務

⑫学校教育法（昭和22年法律第26号）に規定する大学における教授研究の業務（主として研究に従事するものに限る）

⑬公認会計士の業務　　⑭弁護士の業務

⑮建築士（一級建築士、二級建築士および木造建築士）の業務

⑯不動産鑑定士の業務　　⑰弁理士の業務

⑱税理士の業務　　　　⑲中小企業診断士の業務

44 企画業務型裁量労働時間制とは

企画、立案、調査、分析などの業務に適用

「企画業務型裁量労働時間制」とは、事業運営上の重要な決定が行なわれる企業の本社などにおいて、企画、立案、調査および分析の業務について、業務の遂行の手段や時間の配分などについて使用者が具体的な指示命令を行なわないことができる制度です。

ただし、企画業務型裁量労働時間制を導入することができる事業場は、次の3つの事業場に限定されています。

①本社・本店である事業場

②その事業場の属する企業の事業運営に大きな影響を及ばす決定が行なわれる事業場

③独自にその事業場の事業運営に大きな影響を及ぼす事業計画や営業計画の決定を行なっている支社等の事業場

また、導入に当たっては、賃金、労働時間その他のその事業場における労働条件に関する事項を調査審議し、事業主に対しその事項について意見を述べることを目的とする**労使委員会**を設置する必要があります。

この労使委員会では、次の事項について**委員の5分の4以上の多数による決議**を行ない、労働基準監督署に届け出なければなりません。

①対象となる業務の具体的な範囲

②対象労働者の具体的な範囲

③労働したものとみなす時間

④使用者が対象となる労働者の勤務状況に応じて実施する健康および福祉を確保するための措置の具体的内容

⑤苦情の処理のための措置の具体的内容

⑥本制度の適用について労働者本人の同意を得なければならないこと、および不同意の労働者に対し不利益取扱いをしてはならないこと

⑦決議の有効期間（3年以内とすることが望ましいとされています）

⑧企画業務型裁量労働時間制の実施状況に係る記録を保存すること（決議の有効期間中およびその満了後3年間）

◎企画業務型裁量労働時間制を導入する際の流れ◎

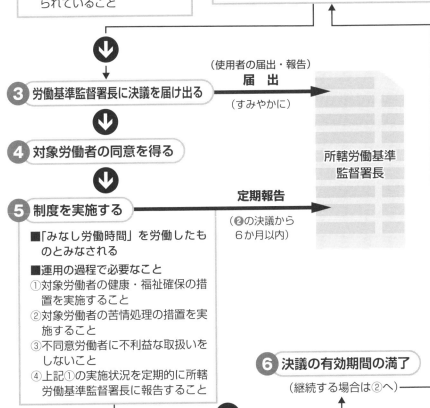

❶ 「労使委員会」を設置する

■委員会の要件
①委員会の委員の半数については、当該事業場に、労働者の過半数で組織する労働組合がある場合においてはその労働組合、労働者の過半数で組織する労働組合がない場合においては労働者の過半数を代表する者に任期を定めて指名されていること
②委員会の議事について、議事録が作成・保存されるとともに、労働者に対する周知が図られていること

❷ 労使委員会で決議する

■決議の要件
　委員の5分の4以上の多数決
■必要的決議事項
①対象業務
②対象労働者の範囲
③みなし労働時間…1日あたりの時間数
④対象労働者の健康・福祉確保の措置…具体的措置とその措置を実施する旨
⑤対象労働者の苦情処理の措置…具体的措置とその措置を実施する旨
⑥労働者の同意を得なければならない旨およびその手続き、不同意労働者に不利益な取扱いをしてはならない旨

❸ 労働基準監督署長に決議を届け出る

（使用者の届出・報告）
届　出
（すみやかに）

❹ 対象労働者の同意を得る

所轄労働基準監督署長

❺ 制度を実施する

■「みなし労働時間」を労働したものとみなされる
■運用の過程で必要なこと
①対象労働者の健康・福祉確保の措置を実施すること
②対象労働者の苦情処理の措置を実施すること
③不同意労働者に不利益な取扱いをしないこと
④上記①の実施状況を定期的に所轄労働基準監督署長に報告すること

定期報告
（❷の決議から6か月以内）

❻ 決議の有効期間の満了

（継続する場合は②へ）

45 休日とはそもそも何か

休日の単位は１暦日

「休日」とは、労働契約上では「労働の義務がない日」とされています。

労働の義務がないということは、使用者は労働者に対して、原則として休日に業務を命じてはいけない日、立場を変えれば、労働者は労働から完全に解放されている日と言い換えることができます。

休日の単位は、原則として１暦日、すなわち午前０時から午後12時までとされています。したがって、たとえば、始業時刻が午後10時、終業時刻が翌朝の午前９時だとすると、その人が最も早く休日を取ろうとする場合は、１暦日を確保する必要があるため、翌々日の午前０時からということになります。

法定休日と所定休日の違い

また、休日は、労働基準法において定められたいわゆる「法定休日」と、使用者が任意に定めることができる「所定休日」に区分することができます。

休日について労働基準法では、使用者は、労働者に対して、毎週少なくとも１回の休日を与えるか、あるいは、４週間を通じて４日以上の休日を与えなければならないとされています。この休日は、法律で定められた休日、つまり「法定休日」ということになります。

一方、１日の所定労働時間が７時間や８時間である場合、１週間に１日の休日だけだと、１週40時間という法定労働時間をクリアできないことになるため、さらに休日を設ける必要がでてきます。これは、各会社が就業規則で独自に決められるもので、法定休日と区別して「所定休日」と呼んでいます。

たとえば、毎週土曜日と日曜日が休日とされている週休二日制の会社の場合、土日いずれかの日に出勤させても、１週１日与えなければならない法定休日は確保されていることになります。

つまり、法定休日ではなく所定休日に出勤させたことになるので、労働基準法上の休日労働ではなく、時間外労働という位置づけとなるので

108

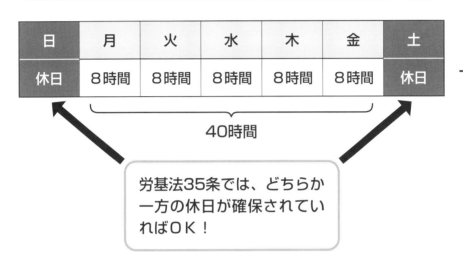

す。

したがって、所定休日に労働させた場合の割増賃金は、時間外労働としての25％以上割増のみで足り、法定休日に労働させた場合の35％以上割増と区別して考える必要があります。

なお、法定休日に労働させる場合には、使用者はその事業場の労働者の過半数で組織する労働組合、それがない場合は労働者の過半数を代表する者との間で、「時間外・休日労働に関する協定」（いわゆる「３６協定」）を締結しなければなりません。

46 振替休日と代休の違い

休日の振替とは

「**休日の振替**」とは、就業規則等で休日と定められた日を、業務上の都合などを理由に、あらかじめ労働日に変更し、その代わりに他の特定した労働日を休日とすることです。

つまり、休日の振替を行なうことで、労働者が労働した本来の休日が労働日となり、本来の労働日が労働義務のない休日に変わることになるのです。

休日の振替を行なうに当たっては、休日を振り替える前に、**あらかじめ振り替えるべき日を特定**しておくことが必要となります。そうしなければ、そもそも休日と労働日を交換することができないからです。

また、休日の振替は、半日単位や時間単位では行なえないことになっています。たとえば、半日だけ休日に出勤してもらい、休日の半日分を指定した労働日の半日と交換することはできないのです。

これは、休日とは「暦日」を指し、午前0時から午後12時までの休業と解されているためで、時間単位で振り替えることは、「休日」の振替には当たりません。

また、4週4日の法定休日が確保されていることも必要です。4週4日を割り込むようだと、振り替えるべき休日がなかったことになり、休日に労働した分には35％以上の割増賃金の支払い義務が生じることになります。

代休とは

一方、「**代休**」とは、休日労働が行なわれた後に、その代償として、他の労働日を休日として休ませる措置です。

代休の場合は、振替休日とは異なり、あらかじめ休日と労働日が交換されたわけではないため、休日に労働させた事実が消えるわけではありません。

したがって、代償として休日を与えたからといっても、休日労働させた日については割増賃金の支払いが必要となるので注意が必要です。

110

◎振替休日のしくみ◎

◎振替休日と代休の比較表◎

項 目	振替休日	代 休
どんな場合に行なわれるか	36協定が締結されていない場合などに、休日労働をさせる必要が生じたとき	休日労働や長時間労働をさせた場合に、その代償として他の労働日を休日とするとき
行なわれる場合の要件	①就業規則に振替休日の規定があること ②振替休日の特定 ③振替休日は、できるだけ近接した日が望ましい ④振替は前日までに通知	代休自体は、任意に与えることができるが、法定休日労働の場合には、36協定の締結が必要
振替後の日または代休の指定	あらかじめ使用者が指定する	使用者が指定することもあるし、労働者の申請によって与えることもある
賃金	振替休日が同一週の場合、休日出勤日については通常の賃金を支払えばよく、振替休日に賃金を支払う必要はない ＊振替休日により働いた日を含む週の労働時間が週法定労働時間を超えた場合には、この部分については時間外労働となるので、割増賃金の支払いが必要となる。	休日の出勤日については割増賃金を支払わなければならない

47 休憩時間のルール

所定労働時間が8時間なら45分の休憩で足りる

「**休憩時間**」は、就労に従事している時間が長く継続されると、労働者の心身に疲労をもたらすうえ、労働災害が起きやすくなったり、作業能率が低下したりするおそれもあるので、疲労回復のために与えられる時間をいいます。また、労働者にとっての自由の回復という意味も合わせ持っていると解されています。

労働基準法では、使用者は労働者に対して、**労働時間が6時間を超え8時間以内の場合は少なくとも45分、8時間を超える場合は少なくとも1時間の休憩時間**を与えなければならないことになっています。

したがって、1日の所定労働時間が8時間とされている会社の場合は、45分の休憩時間を与えることで足り、必ずしも1時間の休憩時間を付与する必要はありません。

休憩時間を付与するための3つの原則

休憩時間には、次の3つの原則が労基法に設けられています。

① 労働時間の途中に付与しなければならない
② 一斉に付与しなければならない
③ 自由に利用させなければならない

このうち、②の一斉付与の原則については例外が設けられています。

つまり、一斉に付与することが困難とされる、運輸交通業、商業、金融・広告業、映画・演劇業、通信業、保健衛生業、接客娯楽業、官公署の8業種は適用が除外されているのです。

また、事業場の過半数で組織する労働組合、そうした労働組合がない場合は過半数代表者と協定を締結することで、労働者が個々に休憩を取ることも認められています。

③の自由利用の原則については、施設管理の必要および職場規律の維持の必要にもとづく合理的な理由がある場合には、制約を受けることがあります。

行政解釈でも、休憩時間中の外出について所属長の許可を受けさせる

112

◎休憩時間を付与する際の3原則◎

原則①労働時間に応じた休憩時間を労働時間の途中に与えなければならない		
6時間以下		与えなくてもよい
6時間超8時間以下		45分以上
8時間超		1時間以上
原則②一斉に与えなければならない		
例外	一斉休憩の適用除外業種	運輸交通業、商業、金融・広告業、映画・演劇業、通信業、保健衛生業、接客娯楽業、官公署
	労使協定の締結による適用除外	下記の内容を定めた労使協定を締結（労働基準監督署への届出は不要） ●一斉に休憩を与えない労働者の範囲 ●当該労働者に対する休憩の与え方
原則③自由に利用させなければならない		

ことは、事業場内において自由に休憩しうる場合には、必ずしも違法にならないとする通達があります（昭23.10.30基発1575号）。

48 時間外労働・休日労働とは

３６協定を締結すれば時間外労働・休日労働が可能に

労働基準法で認められている労働時間は、１週40時間（特例措置対象事業場では44時間）、１日８時間とされていますから、原則として、この時間をオーバーして労働者を就労させることはできません。

また、労働基準法では、１週１日または４週を通じて４日の休日を与えることも規定されていますから、この法定休日に労働させることも原則としてできないことになります。

ただし、使用者はその事業場に、労働者の過半数で組織する労働組合（そうした労働組合がない場合には、労働者の過半数を代表する者）との間で書面による協定を締結し、これを所轄の労働基準監督署に届け出た場合には、一定の限度時間の範囲内で、法定労働時間あるいは法定休日を超えて労働させることができます。

これを**免罰的効果**といい、この規定が定められているのが労働基準法36条であることから、「３６（サブロク）協定」と呼ばれています。

この３６協定は、**事業場単位**で締結して届け出る必要があります。１つの会社でいくつかの場所に工場・支店などがある場合は、個別に３６協定を締結し、それぞれの所在地を管轄する労働基準監督署に届け出る必要があるわけです。

３６協定を締結した場合の延長時間の上限

３６協定の締結によって認められる延長時間は、原則として、１か月45時間、かつ年360時間であり、１日、１か月、１年間の３つについて協定しなければならないことになっています。

しかし、危険有害業務で、法令で定める業務に従事する者の時間外労働の上限は１日２時間とされています。

また、小学校就学の始期に達するまでの子を養育する労働者または要介護状態の対象家族の介護を行なう労働者が請求した場合は、事業の正常な運営を妨げる場合を除いて、１か月24時間、１年150時間を超える時間外労働をさせることはできません。

◎時間外労働、休日労働をさせるためには◎

| （労働時間）
労基法32条
1日8時間
1週40時間

（休日）
労基法35条
1週に1回
4週4日 | 違反すると

30万円以下
の罰金
または
6か月以下
の懲役 | 36協定の
締結

免罰的効果 |

◎素朴な疑問Q&A◎

Question	Answer
36協定届はどんな場合に締結するのか？	①法定の労働時間を超えて労働させる場合 ②法定の休日に労働させる場合
36協定の締結単位は？	事業場単位で締結して届け出る必要があります。
協定する内容は？	①時間外労働をさせる必要のある具体的な事由 ②時間外労働をさせる必要のある業務の種類 ③時間外労働をさせる必要のある労働者の数 ④1日について延長することができる時間 ⑤1日を超える一定の期間について延長することができる時間 ⑥有効期間
休日労働はどのように協定するのか？	労働させることのできる休日（法定休日のうち1か月に○回、第2日曜日等）、始業および終業の時刻（労働時間数でも可）を協定します。

4章 労働基準法「労働時間、休憩、休日」 労働時間と休憩・休日のルールはこうなっている

115

49 ３６協定の締結のしかた

３６協定を締結する使用者とは

　３６協定の締結当事者は、使用者と、その事業場に労働者の過半数で組織する労働組合（そうした労働組合がない場合には、労働者の過半数を代表する者）です。

　このうち、使用者については、労働基準法で「事業主又は事業の経営担当者その他その事業の労働者に関する事項について、事業主のために行為をするすべての者」と定義されており、たとえば、支店長や工場長などがこれにあたります。

　行政解釈によれば、「『使用者』とは、労働基準法各条の義務についての履行の責任者をいい、その認定は部長、課長等の形式にとらわれることなく各事業において、労働基準法各条の義務について実質的に一定の権限を与えられているか否かによるが、かかる権限が与えられておらず、単に上司の命令の伝達者にすぎぬ場合は使用者とみなされない」（昭22.9.13発基17号）とされており、使用者は肩書きに関係なく**労働基準法上の一定の権限が付与されている責任者**であると通達しています。

協定を締結する労働者の代表者とは

　一方の労働者側の代表者は、事業場単位において、次の順位で当事者を決定することになります。

①**労働者の過半数で組織する労働組合がある場合においては、その労働組合**

②**労働者の過半数で組織する労働組合がない場合においては、労働者の過半数を代表する者**

　労働者の過半数で組織する労働組合がない場合は、労働者の過半数を代表する者が協定の締結当事者となるわけですが、この過半数代表者は、労働基準法41条２号に定めるいわゆる**「管理監督者」**でないことが要件とされています。

　このことを逆にいえば、会社が管理監督者として処遇していた者を過半数代表者として選任した場合は、一般労働者としてみなされ、時間外・

116

◎３６協定の締結当事者の定義◎

使用者

労基法36条では、単に「使用者」と規定するにとどまっているが、同法10条に「使用者」の定義として次の三者を定めているので、下記の者が使用者側の締結当事者ということになる。
①事業主
②事業の経営担当者
③事業の労働者に関する事項について、事業主のために行為をするすべての者

過半数代表者

①労基法41条2号に規定する監督または管理の地位にある者でない者
②同法に規定する協定等をする者を選出することを明らかにして実施される投票、挙手等の方法による手続きにより選出された者
③使用者の意向にもとづき選出された者でない者

これらの要件を満たさない場合には、有効な協定とはならない！

休日労働には割増賃金の支払いの対象としなければならなくなるので要注意です。
　また、過半数代表者は、投票、挙手等の方法による手続きを経て選出されなければならず、使用者が都合よく指名した者は認められません。

50 特別条項付き３６協定とは

限度時間を超えて時間外労働をさせることができる

　法定労働時間を超えて時間外労働をさせる場合には、あらかじめ労使間で「時間外・休日労働協定」（３６協定）を締結しなければなりませんが、締結すれば何時間でも時間外労働をさせることができるわけではなく、原則として**月45時間、年360時間という限度時間**が定められています。

　しかし、臨時的に特別の事情によってこの限度時間を超えて時間外労働を行なう必要がある場合には、あらかじめ**「特別条項付き時間外・休日労働協定」（特別条項付き３６協定）**を締結し、限度時間を超える上限を設定することで一定期間可能となります。ただし、次の要件を満たさなければなりません。

①特別条項付きの時間外労働協定では、月45時間を超える時間外労働に対する割増率も定めること。

②上記①の割増率は法定割増率（25％）を超える率とするように努めること

③月45時間を超える時間外労働をできる限り短くするように努めること

特別条項付き３６協定を締結する場合の留意事項

　労使当事者は３６協定において、１日を超え３か月以内の期間および１年間について延長時間を定めなければならないとされていますが、双方について特別条項付き３６協定を締結する場合には、それぞれについて限度時間を超える時間外労働の割増率を定めなければなりません。

　なお、2019年４月１日（中小企業は2020年４月１日）より、臨時的な特別の事情がある場合として、労使が合意して労使協定を結ぶ場合においても上回ることができない時間外労働時間の上限が下記のとおり設定されています。

①上限は年720時間（法定休日労働を除く）

②法定休日労働を含み、２か月ないし６か月平均で80時間以内

◎３６協定に関する改正前後の比較表◎

	改　正　前		改　正　後	
根　　拠	厚生労働大臣による限度基準告示		法律（労基法36条）	
上限基準	<table><tr><td rowspan="2">期　間</td><td colspan="2">限度時間</td></tr><tr><td>原則</td><td>1年変形</td></tr><tr><td>1週間</td><td>15時間</td><td>14時間</td></tr><tr><td>2週間</td><td>27時間</td><td>25時間</td></tr><tr><td>4週間</td><td>43時間</td><td>40時間</td></tr><tr><td>1か月</td><td>45時間</td><td>42時間</td></tr><tr><td>2か月</td><td>81時間</td><td>75時間</td></tr><tr><td>3か月</td><td>120時間</td><td>110時間</td></tr><tr><td>1年間</td><td>360時間</td><td>320時間</td></tr></table>		<table><tr><td rowspan="2">期　間</td><td colspan="2">限度時間</td></tr><tr><td>原則</td><td>1年変形</td></tr><tr><td>1か月</td><td>45時間</td><td>42時間</td></tr><tr><td>1年間</td><td>360時間</td><td>320時間</td></tr></table> ただし、1か月未満の期間で労働する労働者の時間外労働に目安時間あり。	
罰　　則	なし		あり	

	改　正　前	改　正　後
発動要件	一時的または突発的に時間外労働を行なわせる必要があるときに限る	通常予見することができない業務量の大幅な増加等に伴い臨時的に限度時間を超えて労働させる必要がある場合
時間外労働の上限	なし ただし、原則である月45時間の時間外労働を上回る回数は、年6回が限度	あり ①上限は年720時間（法定休日労働を除く） ②法定休日労働を含み、2〜6か月それぞれの平均で80時間以内 ③法定休日労働を含み、単月で100時間未満 ④原則である月45時間の時間外労働を上回る回数は、年6回が限度
罰　　則	なし	あり

③法定休日労働を含み、単月で100時間未満

④原則である月45時間の時間外労働を上回る回数は、年6回まで

　これらの上限規制は、従来の限度基準告示とは異なり、法律に格上げされていますので、労働者にこの上限を超過させて労働させると、使用者には罰則（30万円以下の罰金または6か月以下の懲役）が科されることになります。

51 深夜労働の留意点

初めから深夜時間に就労した場合は要注意

「深夜労働」とは、午後10時から翌午前5時までの時間帯に労働することをいいます。たとえその労働時間が、時間外労働であっても、所定労働時間であっても、いずれにせよ**割増賃金の支払いは必要**となります。

この点について、時間外労働が深夜に及んだ場合に割増賃金を支払う認識はあるものの、初めから深夜時間に就労した場合には割増賃金は不要、と考える誤った取扱いをしている会社も散見されますから注意が必要です。

ただし、次のような労働者については、深夜労働は制限されています。

①年少者

年少者とは、満18歳未満の労働者をいいますが、使用者は年少者を深夜に使用してはいけないことになっています。ただし、交替制によって使用する満16歳以上の男性の場合は、この限りではありません。

②妊産婦

妊産婦とは、妊娠中の女性および産後1年を経過しない女性のことをいいます。妊産婦が請求した場合には、深夜労働をさせることはできません。

③育児・介護を行なう労働者

育児・介護休業法により、小学校就学前の子を養育する労働者または要介護状態にある対象家族を介護する労働者は、深夜業の免除を求めることができます。

なお、労働基準法41条に該当する次の者は、労働時間、休憩および休日に関する規定が適用されず、割増賃金の支払いは不要とされています。

①農業または水産業等の事業に従事する労働者
②監督もしくは管理の地位にある者または機密の事務を取り扱う者
③監視または断続的労働に従事する者で、使用者が行政官庁の許可を受けた者

120

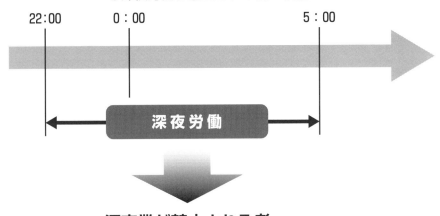

しかし、深夜労働については、この規定が適用されず、別途、深夜労働に関する割増賃金の支払いが必要となります。

52 労働時間・休憩・休日の適用除外

管理監督者などは例外的に適用が除外されている

労働基準法では、労働時間・休憩・休日などの労働条件は、労働者に与える影響が大きいとしてさまざまな規制を定めています。

ところが、事業や業務の性質または態様が法定労働時間や法定休日を適用するに適さないものとして、以下にあげるような、農水産業従事者、管理監督者等、監視または断続的労働従事者、宿日直勤務者については、労働時間・休憩・休日の規定の適用が、例外的に除外されています。

①農水産業従事者

農業、畜産、養蚕または水産の事業に従事する労働者をいいます。

②管理監督者等

管理監督者とは、一般に部長、工場長など労働条件の決定その他労務管理について**経営者と一体的な立場にある者**で、労働時間等に関する規制を適用することがなじまないものについて実態的に判断されます（右ページの上図参照）。

また、職務が経営者と一体不可分である機密の事務を取り扱う者についても、適用除外とされています。

③監視または断続的労働従事者（所轄労働基準監督署長の許可が必要）

監視労働に従事する者とは、原則として一定部署にあって監視するのを本来の業務とする者ですが、精神的緊張の高い業務、危険または有害な場所における業務等は、許可の対象にはなりません。

また、断続的労働に従事する者とは、作業時間が継続することなく、手待ち時間が多い業務に従事する者です。

適用除外の許可を受ける場合には、右ページ下図の申請書の提出が必要になります。

④宿日直勤務者（所轄労働基準監督署長の許可が必要）

宿日直勤務者の適用除外の許可については、常態としてほとんど労働する必要のない勤務のみを認めるもので、定期的巡視、緊急の電話・文書の収受、非常事態に備えての待機等を目的とするものに限られます。

◎管理監督者となるかどうかの判断基準◎

①経営者と一体的な立場と呼ぶにふさわしい重要な職務内容、責任となっており、それに見合う権限の付与が行なわれているか。

②重要な職務と責任を有していることから、現実の勤務が実労働時間の規制になじまないようなものとなっているか。

③● 定期給与である基本給、役付手当等においてその地位にふさわしい待遇がなされているか。

● ボーナス等の一時金の支給率、その算定基礎賃金等についても役付者以外の一般労働者に比し優遇措置が講じられているか。

④スタッフ職の場合、経営上の重要事項に関する企画立案等の部門に配置され、ラインの管理監督者と同格以上に位置づけられる等、相当程度の処遇を受けているか。

(昭22.9.13発基17号、昭63.3.14基発150号)

◎監視または断続的労働従事者の適用除外許可申請書◎

監視
　　　　に従事する者に対する適用除外許可申請書
断続的労働

様式第14号（第34条関係）

事 業 の 種 類	事 業 の 名 称	事 業 の 所 在 地

	業 務 の 種 類	員 数	労 働 の 態 様
監　　　視		人	
断続的労働		人	

年　　月　　日

使用者　職名

氏名　　　㊞

労働基準監督署長　殿

　なお、この場合でも、年少者の深夜業禁止、深夜業に対する割増賃金、年次有給休暇に関する事項については、その適用を受けますから注意が必要です。

なるほどQ&A④

テレワークと労働基準法の適用は？

Q 働き方改革実行計画のなかで、時間や場所を有効に活用できる柔軟な働き方として「テレワーク」制度の導入が推奨されている一方、テレワークが長時間労働につながるおそれがあることが指摘されています。労働基準関係法令の適用関係はどのように整理されているのでしょうか？

A 就労形態が在宅勤務、モバイル勤務、サテライトオフィス勤務などのテレワークを実施する場合も、労働基準法をはじめとする労働基準関連法令の適用を受けることになります。

そのため、テレワークを導入する使用者は、テレワーカーと労働契約を締結する際、賃金や労働時間のほかに、就業の場所に関する事項等を明示しなければなりません（労働基準法15条）。

また、通常の労働時間制度にもとづいてテレワークを行なう場合についても、使用者は、その労働者の労働時間について適正に把握する責務を有し、みなし労働時間制が適用される労働者や労働基準法41条に規定する労働者を除き、「労働時間の適正な把握のために使用者が講ずべき措置に関するガイドライン」（2017年1月20日策定：90ページ参照）にもとづき、適切に労働時間管理を行なわなければなりません。

なお、テレワークにより、労働者が労働時間の全部または一部について事業場外で業務に従事した場合において、使用者の具体的な指揮監督が及ばず、労働時間を算定することが困難なときは、労働基準法38条の2で規定する事業場外労働に関するみなし労働時間制を導入することができますが、そのためには、以下の要件をいずれも満たす必要があります。

①情報通信機器が、使用者の指示により常時、通信可能な状態におくこととされていないこと

②随時、使用者の具体的な指示にもとづいて業務を行なっていないこと

労働基準法「年次有給休暇」

年次有給休暇の取り方・与え方と注意点

継続勤務期間によって付与日数は変わります。

53 年次有給休暇の発生要件と付与日数①

年次有給休暇の権利はどんなときに発生するか

「年次有給休暇」（年休）の権利は、労働者が次の2つの要件を満たせば法律上、当然に発生するものであり、労働者が年休の請求をして初めて生じるというものではありません。

①雇入れの日から起算して6か月継続して勤務すること

②全労働日の8割以上出勤すること

「6か月継続勤務」とは

上記要件の①の「継続勤務」とは、在籍していることをいい、必ずしも継続して出勤していることは要求されていません。勤務実態に即して実質的に判断されます。

たとえば、臨時労働者の正社員への採用や、定年退職後の嘱託としての再雇用なども継続勤務しているものとして、勤続年数を通算しなければなりません。また、休業中や休職中も継続勤務となるので、注意してください。

なお、年休の「基準日」は、原則として労働者ごとに決まるものですが、事業場で統一するケースがよくあります。この場合、当該基準日において在籍期間が6か月未満の者については、短縮した期間を出勤したものとして取り扱う限り適法となります。

「出勤率8割以上」とは

上記要件の②の出勤率の計算は、次の算式で行ないます。

出勤率 ＝ 出勤日数 ÷ 全労働日

この②の要件は、継続勤務年数が1年6か月以上の者にも適用されます。したがって、初年度に8割以上出勤して年休を付与された者が、次の年度の出勤率が8割未満となった場合には、その翌年度の1年間は年休が付与されないこととなります。

◎年次有給休暇の発生から付与されるまでのフローチャート◎

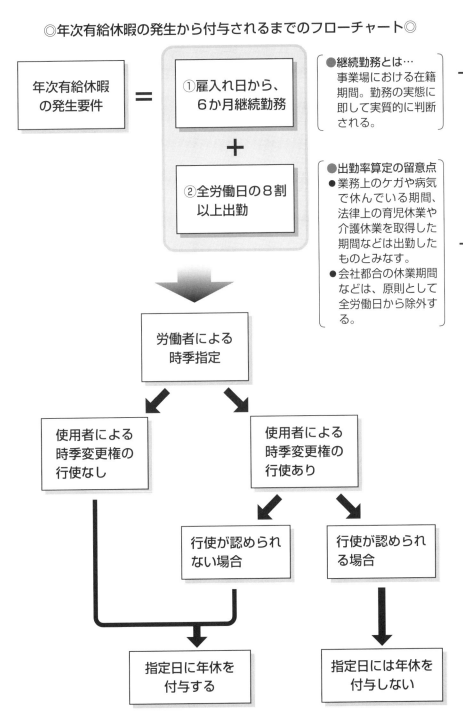

54 年次有給休暇の発生要件と付与日数②

「全労働日」とは

前項の出勤率の計算式に出てくる「全労働日」とは、労働者が労働契約上、**労働義務を課されている日**で、就業規則などに定められている所定休日を除いた日をいいます。したがって、休日労働してもその日は全労働日には含まれません。

また、①不可抗力による休業日、②使用者側に起因する経営管理上の障害による休業日、③正当なストライキなどにより労務の提供がまったくなされなかった日も全労働日には含まれません。

「出勤した日」とは

一方、同じ算式にある「出勤日数」（出勤した日）とは、現実に出勤した日をいい、早退、遅刻した日も一部出勤していることから出勤した日に含まれます。

ただし、出勤していない日であっても、以下に対応する日は出勤したものとみなされます。

①業務上の傷病による休業期間
②産前産後の休業期間
③法による育児・介護休業期間
④年休を取得した日

年次有給休暇の付与日数は決まっている

年休の付与日数は、勤続6か月で10日、その後は継続勤務1年ごとに1日ずつ加算し、継続勤務3年6か月以降は2日ずつ加算した日数とされています。最大日数は20日です（右ページの上表参照）。

パートタイム労働者の年休の取扱いについては、所定労働日数に応じて比例的に付与することになっています。

比例付与の対象となるのは、所定労働時間が週30時間未満の場合で、かつ、①週所定労働日数が4日以下、または、②週以外の期間で所定労働日数が定められている場合には年間所定労働日数が216日以内の者です。

なお、パートタイム労働者の所定労働日数は、年により変動すること

128

◎年次有給休暇の付与日数◎

●通常の労働者の場合

継続勤務期間	6か月	1年6か月	2年6か月	3年6か月	4年6か月	5年6か月	6年6か月以上
付与日数	10日	11日	12日	14日	16日	18日	20日

●週所定労働時間が30時間未満、かつ、週の所定労働日数が4日以下または年間の所定労働日数が216日以内の労働者の場合

週所定労働日数	1年間の所定労働日数	雇入れの日から起算した継続勤務期間						
		6か月	1年6か月	2年6か月	3年6か月	4年6か月	5年6か月	6年6か月以上
4日	169日から216日まで	7日	8日	9日	10日	12日	13日	15日
3日	121日から168日まで	5日	6日	6日	8日	9日	10日	11日
2日	73日から120日まで	3日	4日	4日	5日	6日	6日	7日
1日	48日から72日まで	1日	2日	2日	2日	3日	3日	3日

（※）週以外の期間によって労働日数が定められている場合は、この「1年間の所定労働日数」欄の日数の区分によります。

がありますが、年休日数は年休が付与される年度における所定労働日数をもとに算定されます。

55 年次有給休暇の取得のしかた

時間単位の年休

年休は、時間単位で取得することもできますが、そのためには、まず事業場の労使協定において次のことを定めておくことが必要です。

①時間単位の年休取得の対象となる労働者
②時間単位の年休の日数（年5日以内）
③時間単位の年休の1日の時間数
④1時間以外の時間を単位とする場合はその時間数（整数）

時季指定権と時季変更権

126ページで説明したように、年休取得の権利は法定要件を備えれば発生するので、労働者が時季を指定する（請求する）ことは、権利を特定する手続きにほかなりません（年休の**時季指定権**）。年休の時季は、労働者が自由に指定でき、また取得目的も自由です。

一方、就業規則などで具体的な時季指定を休暇日の一定日数前までに行なうよう規定することは、合理的な範囲であれば有効であるとされています。

また、「使用者は、有給休暇を労働者の請求する時季に与えなければならない」（労基法39条5項）とされていますが、同項ただし書きで「事業の正常な運営を妨げる場合においては、他の時季にこれを与えることができる」という**時季変更権**を使用者に認めています。

この判断は、事業規模・内容、当該労働者の作業内容・性質、代替要員の配置の難易等を考慮して行なわれるべきものです。

計画年休制度の活用

「**計画年休制度**」とは、事業場の労使協定にもとづいて計画的に年休を与えるしくみです。

各労働者の5日を超える年休日について、「一斉付与方式」「班別の交替制付与方式」「（計画表による）個人別付与方式」などによって付与することができます。

◎時間単位の年休制度のしくみ◎

年次有給休暇は1日単位で付与するのが原則ですが、労使協定を結ぶことで1時間単位で付与することもできます。

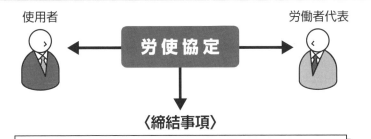

〈締結事項〉

① 対象労働者の範囲
② 時間単位年休の日数（年5日まで）
③ 時間単位年休の1日の時間数
④ 1時間以外の単位で与える場合の時間数

◎年休の計画的付与制度のしくみ◎

年次有給休暇の付与日数のうち、5日を超える部分については、労使協定を結ぶことで、計画的に休暇取得日を割り振ることができます。

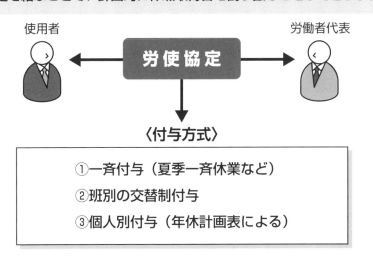

〈付与方式〉

① 一斉付与（夏季一斉休業など）
② 班別の交替制付与
③ 個人別付与（年休計画表による）

56 年次有給休暇の取扱いに関する注意点

不利益な取扱いの禁止

年休取得を理由として、賃金の減額その他、不利益な取扱いをしないようにしなければなりません。

具体的には、精皆勤手当、賞与等の算定に際して、年休を取得した日を欠勤としたり、またはこれに準じて取り扱うことなどが「不利益な取扱い」に当たります。

年休の時効

年休の権利は、労基法115条の規定により、**2年間で消滅時効**にかかります。

年休は基準日に付与されるので、当初の年度の初日に発生した年休は、翌年度末をもって消滅することとなります。

年休の買上げ

年休については本来、これを現実的に労働者に付与しなければならないとされているので、有効期間中に年休を買い上げることはできません。

また、年休の買上げを予約し、予約された日数について年休取得を認めないことは年休の保障に違反しますが、2年間の時効によって消滅するものを2年間経過後に買い上げたり、退職時などに未消化の年休を買い上げて手当を支給することは違法ではありません。

年休期間中の賃金

年休を取得した期間について支払うべき賃金は、以下のいずれかによります。

①平均賃金

②所定労働時間、労働した場合に支払われる通常の賃金

③健康保険法による標準報酬月額の30分の1に相当する金額

この3つのうちのどの方式にするかは、あらかじめ就業規則などで定めておくことが必要で、③については労使協定の締結が必要となります。

なお、年休の時季指定義務などについては、1章（24〜31ページ）を参照してください。

◎年次有給休暇を取得した期間に対して支払うべき賃金の決め方◎

① 平均賃金 （145ページ参照）

$$\frac{年休取得日以前3か月間^{(※)}に支払われた賃金の総額}{年休取得日以前3か月間^{(※)}の総暦日数}$$

（※）賃金締切日がある場合は、直前の賃金締切日以前3か月

② 通常の賃金

- 月給制…その額をその月の所定労働日数で割った額
- 週給制…その額をその週の所定労働日数で割った額
- 日　給…その額
- 時間給…その額×その日の所定労働時間数

③ 標準報酬月額の30分の1相当額

（※）労使協定の締結が必要

①〜③のいずれにするかは、あらかじめ就業規則等で定めておくことが必要！

なるほどQ&A⑤
休職の場合の取扱いは？

Q 休職にはどのような種類があるのでしょうか？

A 休職制度はその目的や内容によって、さまざまな種類がありますが、一般的には「私傷病休職」「事故欠勤休職」「起訴休職」の制度を設けている企業が多いです。

「私傷病休職」は、業務外の傷病による長期欠勤が一定期間（通常は3か月～6か月）に及んだときに行なわれるもので、休職期間の長さは、通常、勤続年数や傷病の性質に応じて異なって定められています。

「事故欠勤休職」は、傷病以外の自己都合による欠勤（事故欠勤）が一定期間に及んだときに認められる制度で、休職期間の長さは、通常、1か月または2か月としていることが多いです。

「起訴休職」は、刑事事件に関して起訴された者を、一定期間または判決確定までの間、休職扱いとする制度です。

ほかに、「出向休職」や組合専従期間中の休職制度などもあります。

Q 休職期間中の賃金や勤続年数算定の取扱いはどのようにすべきでしょうか？

A 休職期間中の賃金や勤続年数についての取扱いは、制度ごとまた企業ごとにさまざまです。

ただし一般的には、本人の都合または本人の責めに帰すべき事由による休職の場合には、賃金は支給されず、勤続年数への算入も行なわれないのに対して、会社都合による休職の場合は、その内容に応じて60～100％の範囲で賃金が支給され、勤続年数にも含まれることが多いです。

労働基準法「賃金」

賃金、割増賃金の決め方・払い方

賃金を支払うには、5つの原則があります。

57 賃金とはそもそも何か

労働基準法上の賃金とは

労働基準法11条によると、「この法律で賃金とは、賃金、給料、手当、賞与その他名称の如何を問わず、労働の対償として使用者が労働者に支払うすべてのものをいう」と定められています。

つまり、賃金とは、使用者が労働者に支払うもののうち、労働者の「**労働の対償**」として支払われるものをいい、①任意的・恩恵的なものや、②福利厚生施設、③実費弁償的なものは、原則として賃金には該当しません。

ただし、任意的・恩恵的なものであっても、労働協約や就業規則、労働契約等によって、**あらかじめ支給条件が明確に定められているもの**については、賃金に該当するものとされています。

「使用者が支払うもの」とは

上記のとおり、賃金とは、使用者が支払うものと定義されているので、いわゆるチップは、顧客が労働者に直接渡すものであるかぎり、賃金には当たらないといえます（使用者が受け取ったものを労働者に分配する場合には賃金になり得ます）。

「労働者に支払われるもの」とは

一方、労働者に支払われるものについては、たとえば、労働者が死亡した場合に、遺族に支払われる死亡退職金などは、一般に、労働者にいったん帰属した退職金が遺族に支払われるものではなく、遺族が会社の規定などにもとづき直接に請求権を取得するものなので、やはり賃金には当たらないと考えるのが通常です。

「労働の対償として支払われるもの」とは

賃金のなかには、実際の労務の提供と直接的に結びついていない住宅手当や家族手当などもありますが、これらも、労働契約上、いわば労働者としての地位の設定の対価として支払いが義務づけられているものも含まれると理解されています。

◎賃金に含まれるもの・含まれないもの◎

賃金とは

労働の対償として使用者が労働者に支払うすべてのもの

賃金に該当しないもの	賃金に該当するもの
①任意的・恩恵的なもの 　例）結婚祝金 　　　病気見舞金 　　　死亡弔慰金　など	**例外** 労働協約、就業規則などによってあらかじめ支給条件が明確なもの
②福利厚生施設 　例）住宅の貸与　など	**例外** 住宅の貸与を受けない労働者に対する定額の均衡手当
③実費弁償的なもの 　例）作業服 　　　出張旅費	通勤手当

58 均等待遇と最低賃金

均等待遇とは

労働基準法3条によると、「使用者は、労働者の国籍、信条又は社会的身分を理由として、賃金、労働時間その他の労働条件について、差別的取扱いをしてはならない」とされており、賃金の決定に際し、国籍や信条、社会的身分により労働者を差別的に取り扱うことは禁止されています（68ページ参照）。

男女同一賃金の原則

また、「使用者は、労働者が女性であることを理由として、賃金について、男性と差別的取扱いをしてはならない」と労基法4条に定められており、労働者が女性であることのみを理由として、あるいは女性労働者は一般に「勤続年数が短いから」「主たる生計の維持者でないから」などを理由として、女性労働者を差別的に取り扱うことも禁止されています。

出来高払い制の保障給

出来高払い制その他の請負制による労働者については、労基法27条により、労働時間に応じて一定額の賃金の補償をすべきことが義務づけられています。

これは、労働者が労働した時間に対して支払いが求められているものなので、労働しなかった場合には出来高払い制の保障給を支払う必要はありません。

最低賃金のルール

労基法28条では、賃金の最低基準について「**最低賃金法によるもの**」としており、この最低賃金法で最低賃金制度が設けられ、使用者は、その最低賃金額以上の賃金を労働者に支払わなければならないと決められています。

最低賃金は、①都道府県ごとに決められる**地域別最低賃金**と、②特定の産業について決められる**特定最低賃金**があります。

なお、最低賃金は時間額で金額が定められています。

138

◎最低賃金法で定める最低賃金の種類◎

最低賃金とは

使用者が労働者に支払わなければならない賃金の最低額を定めた制度

地域別最低賃金	特定最低賃金
都道府県ごとに定められる	特定地域内の特定の産業について定められる

特定最低賃金

例

北海道…乳製品製造業

愛知県…自動車（新車）小売業

関係労使が基幹的労働者を対象として、「地域別最低賃金」よりも金額水準の高い最低賃金を定めることが必要と認める産業について設定される

地域別最低賃金

最も高いのは
東京都　985円

最も低いのは
鹿児島県　761円

全国加重平均額　874円
（金額は2019年4月現在）

59 賃金支払いの5原則と非常時払い

「賃金支払いの5原則」とは

賃金は、①通貨で、②直接労働者に、③その全額を支払わなければなりません。また、賃金は、④毎月1回以上、⑤一定の期日を定めて支払わなければなりません。

これらの①通貨払い、②直接払い、③全額払い、④毎月1回以上払い、⑤一定期日払いの5つの原則を、一般に「**賃金支払いの5原則**」と呼んでいます（労基法24条）。

これは、労働者の生活の糧となる賃金について、確実に支払いが行なわれるように定められたものですが、それぞれ右ページにあげたように例外があります。

なお、現在は、労働者の預貯金口座へ振り込んで賃金を支払うことが多いですが、この口座振込の場合には、**個々の労働者の同意を得る必要**があります。労働協約や労使協定で定めても、労働者の同意を得ない限り、賃金を口座振込で支払うことはできません。

「非常時払い」とは

労働者の多くは、賃金を主な収入源としています。そのため、たとえ賃金支払いの5原則が守られていたとしても、家族の病気や災害等によって急に出費が必要となった場合には、その費用の捻出が困難になることもあります。

そこで、そのような非常の場合に既往の労働に対する賃金を請求できるよう、一定期日払いの原則の特例として労基法25条により賃金の「**非常時払い**」が定められています。

この非常時払いは、労働者もしくは労働者の収入によって生計を維持する者の①出産、②疾病、③災害、④結婚、⑤死亡、⑥やむを得ない事由による1週間以上の帰郷の場合に限定されています。

なお、非常時払いは、すでに労働した分に対する賃金の支払いを求めているものなので、いまだ労働の提供のない期間に対する賃金の支払いは必要とされていません。

140

◎賃金支払いの5原則とその例外◎

賃金支払いの5原則

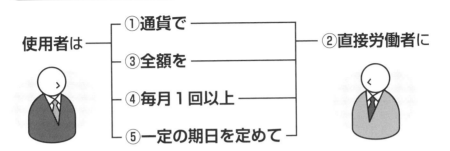

支払わなければならない

例外

①**通貨払いの例外**
- 労働協約に定めがある場合（通勤定期券の現物給付など）
- 労働者の同意を得て、労働者が指定する本人名義の預金口座に振り込む場合

②**直接払いの例外**
- 使者に支払う場合（代理人への支払いは認められない）

③**全額払いの例外**
- 法令に別段の定めがある場合（所得税、社会保険料など）
- 労使協定がある場合

④**毎月1回以上払い**、⑤**一定期日払いの例外**
- 臨時に支払われる賃金（私傷病見舞金など）
- 賞与
- 査定期間が1か月を超える場合の精勤手当、能率手当など

60 割増賃金の計算のしかた

割増賃金を支払う場合

労働基準法では、法定労働時間を超えて働かせた場合や、法定休日あるいは午後10時から翌日午前5時までの深夜に労働させた場合には、過重な労働に対する補償として、労働者に対し**割増賃金**を支払うことを義務づけています。

支払うべき割増賃金の**割増率**は、以下のとおりです。

● **法定労働時間を超える労働に対する割増賃金…25%以上**

ただし、**月60時間を超えた場合は50%以上**（中小事業主については2023年4月からの適用）

● **休日労働に対する割増賃金…35%以上**

● **深夜労働に対する割増賃金…25%以上**

なお、所定労働時間を超えて労働させた場合であっても、法定労働時間の範囲内であれば、時間外労働に対する割増賃金を支払う必要はありません（その労働時間に対する通常の賃金は支払う必要があります）。

また、月60時間を超える時間外労働についての特別の割増率（50%以上）については、通常の割増率（25%以上）よりも引き上げられた部分を、割増賃金の支払いに代えて有給の休暇（**代替休暇**）を付与することができます。代替休暇制度の導入には、労使協定の締結が必要となります。

割増賃金の計算方法

割増賃金は、右ページ図のように計算されます。

割増賃金の算定基礎となる賃金は、通常の労働日または労働時間の賃金ですが、以下の賃金については算定基礎となる賃金から除かれます。

①家族手当　　②通勤手当　　③別居手当　　④子女教育手当

⑤住宅手当　　⑥臨時に支払われた賃金

⑦1か月を超える期間ごとに支払われる賃金

◎割増賃金を計算するしくみ◎

割増賃金の額 ＝ 1時間あたりの賃金 × 割増率 × 時間数

割増賃金の計算の基礎から除外する手当
① 家族手当（＊）　② 通勤手当（＊）　③ 別居手当
④ 子女教育手当　⑤ 住宅手当（＊）
⑥ 臨時に支払われた賃金
⑦ 1か月を超える期間ごとに支払われる賃金
（＊）家族数、交通費・距離、家賃に比例して支給するもの。
　　一律に支給される場合は除外しない。

$$\frac{基本給 + 諸手当}{1か月の平均所定労働時間} = 1時間あたりの賃金$$

$$\frac{1年間の所定労働日数 \times 1日の所定労働時間}{12月} = 1か月の平均所定労働時間$$

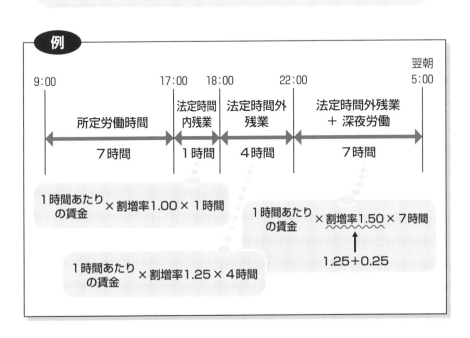

61 休業手当とは

所定休日・法定休日には休業手当を支払わない

労働基準法26条によれば、「使用者の責に帰すべき事由による休業の場合においては、使用者は、休業期間中当該労働者に、その平均賃金の100分の60以上の手当を支払わなければならない」とされています。

これは、使用者の責めに帰すべき事由によって労働者を休業させた場合に、その休業させた所定労働日に対して、**平均賃金の60％以上の休業手当**を支払うべき旨を定めて、労働者の生活を保障しようとするものです。

使用者の責めに帰すべき事由とは

休業手当の支払いを要する場合とは、たとえば以下のような場合です。
- 親工場の経営難から下請工場が資材や資金の獲得ができない場合
- 事業場の設備の欠陥等にもとづく休業
- 行政官庁の勧告にもとづく操業短縮
- 資金難、円相場の急騰による輸出不振など、使用者の経営努力によって乗り切ることができる場合

逆に、天災地変等による場合、正当な争議行為による場合、労働安全衛生法の規定による健康診断の結果にもとづく休業の場合などは、休業手当の支払いは必要ありません。

休業手当の計算方法

休業手当は、平均賃金の60％以上の支払いを要しますが、それでは、平均賃金はどのように計算すればよいのでしょうか。

「平均賃金」とは、算定すべき事由が発生した日以前3か月間に、その労働者に対して支払われた賃金の総額をその期間の総日数で除した金額をいいます（右ページの図を参照）。

なお、休業手当は賃金に該当するので、労働基準法の原則に従って支払われる必要があります。

◎休業手当の支払いが必要になる場合◎

不可抗力・不可避的事由によるもの	不可抗力を主張できないもの等

→ **休業手当を支払う**

$$平均賃金 \times \frac{60}{100}$$

◎平均賃金の計算方法◎

休業手当の場合は、休業をさせた日（2日以上にわたる場合は最初の日）

$$平均賃金 = \frac{算定事由発生日以前3か月間（直前の賃金締切日以前3か月間）の賃金の総額}{上記3か月間の総暦日数}$$

参考 休業手当以外に平均賃金を用いる場合

	算定事由発生日
解雇予告手当	解雇の通告をした日
災害補償	死傷の原因による事故発生の日または診断によって疾病の発生が確定した日
減給の制裁の限度額 など	減給の制裁の意思表示が労働者に到達した日

62 強制貯金の禁止と任意貯蓄

社内預金とは

労働契約に付随して、労働者の賃金の全部または一部を強制的に貯金させることは、労働者の身分を不当に拘束しかねないため、**強制貯金は全面的に禁止**されています。

しかし、労働契約に付随するものではなく、労働者の貯蓄金をその委託を受けて管理しようとする場合（いわゆる「**任意貯蓄**」）においては、労使協定を締結し、所轄の労働基準監督署に届け出ることで認められています。

この場合、**貯蓄金の管理に関する規程**を定め、これを労働者に周知させる必要があります。

なお、この貯蓄金の管理が預金の受入れである場合は、年0.5％以上の利率による利子をつけなければなりません。利子の計算方法については、以下のように定められています。

- 利子は預入れの月からつけること（預入れが月の16日以降の場合は翌月からで差し支えない）
- 払戻金に相当する預金には、払渡月の利子はつけなくてもよい
- 10円未満の端数には利子をつけなくても差し支えない
- 利子の計算方法について円未満の端数は切り捨てることができる

預貯金の返還

労働者の貯蓄金を使用者が委託を受けて管理している場合に、労働者がその貯蓄金の返還を求めたときは、遅滞なく返還しなくてはなりません。

なお、返還の請求に理由は必要ないので、使用者は、返還の事由を限定したり、使用者の承諾が必要であるとして返還を拒否することは当然できません。定期預金について約定された期限前に払い戻す場合には、利子を普通預金並みにすることは差し支えありませんが、約定された期限前であることを理由に返還を拒否することはできません。

また、事務手続き上、払戻日を一定の日に限定することは可能です。

◎強制貯金は禁止されている◎

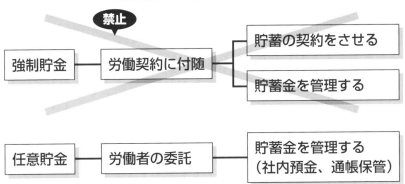

◎任意貯蓄のしくみ◎

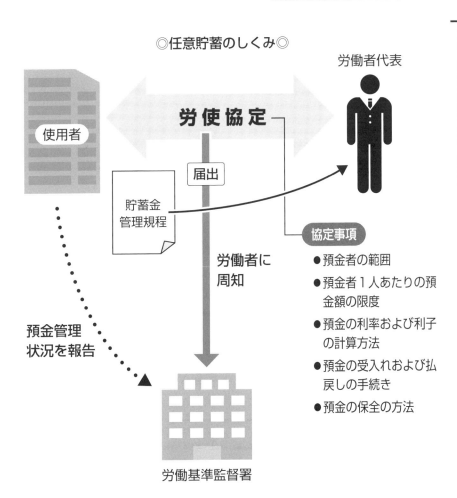

なるほどQ＆A⑥
退職金の支払いは必要？

Q 使用者は、退職する労働者に対し、退職金を支払わなくてはならないのでしょうか？

A 退職金は、法律で定められた制度ではなく、使用者が任意に定める制度です。そのため原則として、就業規則等により定められていない限り、使用者は退職金を支払う必要はありません。

しかし、退職金制度があるにもかかわらず、それに従って退職金を支払わなかった場合には、労働基準法24条に違反することになります。

Q 退職金制度には、一般的にどのような制度がありますか？

A 退職金制度を大別すると、「退職一時金制度」と「退職年金制度」があります。退職一時金制度は、退職時に退職給付手当や退職慰労金、退職功労報奨金などの名称で退職金を一括で支給します。

一方、退職年金制度は、退職金を分割して支給する制度です。分割方法は、期間に制限のある「有期」と生涯にわたって支給する「終身」があります。また、在職中に前払い金として給与などに上乗せする退職金前払い制度もあります。

なお、退職一時金制度における退職金の一般的な算出方法は、基本給に連動させる方法、定額とする方法、基本給とは切り離して別の賃金テーブルやポイントなどを基準として算出する方法があります。

使用者が自ら退職金の支払い準備をするのは難しいため、「中小企業退職金共済法」にもとづく中小企業の労働者向け退職金制度（中退共制度）もあります。

さらに、退職金の原資を準備する制度として、生命保険や医療保険、長期傷害保険などを利用する方法もあります。

また、公的年金への上乗せ給付を保障する企業年金制度には、厚生年金基金、確定給付年金制度や確定拠出年金制度があります。

労働基準法「年少者」「妊産婦等」

年少者・女性の取扱いで注意すること

年少者、妊産婦にはいろいろな制限があります。

63 年少者の労働契約に係る規制

何歳から働けるのか

労働基準法56条により、使用者が労働者として就業させることが可能な最低年齢は、**満15歳に達した日以後の最初の３月31日が経過した者**（義務教育終了者）とされています。

ただし、非工業的事業においては満13歳以上の者について、また、映画の製作・演劇の事業においては満13歳未満の者について、一定の要件のもとで労働者として就業させることができます。

しかし、高校生等の満18歳未満の**年少者**を使用する場合について、労働基準法では、年少者の健康および福祉の確保等の観点から、さまざまな制限を設けて保護を図っています。

なお、使用者は、満18歳未満の者を使用する場合には、その年齢を証明する戸籍証明書（住民票記載事項の証明書など）を事業所に備え付けなくてはなりません。

また、満15歳に達した以後の最初の３月31日が経過しない者を使用する場合には、児童の就学に差し支えがないことを証する学校長の証明書および親権者または後見人の同意書を、事業場に備え付けなければなりません。

雇入れ時、解雇時の留意点

未成年者を雇い入れる場合にも、その未成年者本人と**労働契約を締結**しなくてはなりませんが、契約に際して、**親権者または後見人の同意**を得る必要があります。

逆に、親権者あるいは後見人が未成年者に代わって労働契約を締結することはできません。

しかし、未成年者が締結した労働契約がその未成年者にとって不利な場合は、親権者、後見人または労働基準監督署長が当該労働契約を未来に向かって解除することができます。

なお、年少者を解雇する場合に、その年少者が解雇の日から14日以内に帰郷するときには、必要な旅費を負担しなくてはなりません。

150

◎年少者と児童の違い◎

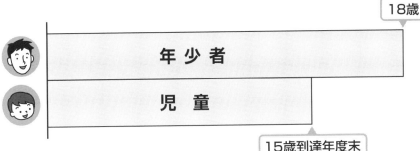

◎児童使用禁止の例外◎

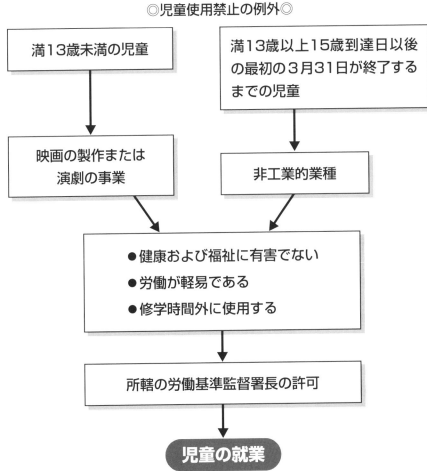

64 年少者の労働時間・休日の取扱い

年少者の労働時間

　年少者（満18歳に満たない者）については、**法定労働時間**（週40時間、1日8時間）と**一斉休憩**を守って労働させる必要があり、変形労働時間制や３６協定による時間外・休日労働および休憩の特例の規定は適用されません。

　年少者に適用されない労働時間等の定めをまとめると、次のとおりです。

①１か月単位の変形労働時間制

②フレックスタイム制

③１年単位の変形労働時間制

④１週間単位の非定型的変形労働時間制

⑤労使協定（３６協定）による時間外労働・休日労働

⑥法定労働時間の特例

⑦業種等による休憩の特例

　ただし、非常災害や公務のために臨時の必要がある場合には、年少者の時間外または休日労働が認められています。

　また、15歳以上18歳未満の者については、18歳に達するまでの間、1週間の労働時間が40時間を超えない範囲で、１週間のうち１日の労働時間を４時間以内に短縮している場合、**他の日の労働時間を10時間まで延長**させることなども可能です。

修学時間を通算する

　最低年齢の例外規定により使用する**児童**（満15歳に達した日以後、最初の３月31日が終了する日までの中学生以下の者）を所轄の労働基準監督署長の許可を受けて就学時間外に使用する場合、児童を労働させることができる時間は、**１日について７時間から修学時間を差し引いた時間**となります。

152

◎年少者・児童の労働時間◎

		１ 週	１ 日
年少者		40時間	8時間
児 童		**修学時間を通算して** 40時間	7時間

◎年少者に認められる変形労働時間制◎

例 （土曜日：所定休日／日曜日：法定休日）

月	火	水	木	金	土	日
6時間	6時間	6時間	9時間	9時間	4時間	休

40時間

月	火	水	木	金	土	日
10時間	6時間	7時間	7時間	10時間	休	休

40時間

週休２日制のように、法定休日の他に所定休日が１日ある場合には、その休日は労働時間を４時間以内に短縮した日に該当するので、他の日に10時間まで労働させても問題はない。

65 年少者に対する深夜業の取扱い

年少者の深夜業は禁止されている

労働基準法61条1項により、満18歳に満たない年少者を**午後10時から午前5時までの間に労働させることは禁止**されています。

しかし、以下の場合には上記によらず、深夜に労働させることができます。

①満16歳以上の男性を交代制によって使用する場合

②交代制によって労働させる事業で、所轄の労働基準監督署長の許可を受けた場合

この場合、午後10時30分まで労働させることができます（午後10時から午後10時30分までの間については、深夜業の割増賃金を支払う）。

③非常災害の規定によって、労働時間を延長し、または休日に労働させる場合

④農林・水産・畜産の事業、保健衛生の事業、あるいは電話交換の業務である場合

なお、厚生労働大臣が必要と認める場合においては、地域または期間を限って、就業が禁止される深夜の時間帯を午後11時から午前6時までの間とすることができます。

児童の深夜業も禁止されている

最低年齢の例外によって労働させる児童（所轄の労働基準監督署長の許可を受けて使用する満15歳に達した日以後、最初の3月31日が終了していない児童）については、以下の時間帯に就業することが禁止されています。

①演劇の事業に使用される児童が演技を行なう業務に従事する場合

午後9時から午前6時までの就業は禁止されます。

②上記①以外の児童

午後8時から午前5時までの就業は禁止されます。

154

◎年少者・児童の深夜業禁止の取扱い◎

	原則禁止となる深夜業	
年少者	午後10時～午前5時	
児童	午後8時～午前5時	
演劇の事業に使用される児童	午後9時～午前6時	

例外

交替制によって労働させる事業で、所轄の労働基準監督署長の許可を受けた場合

例

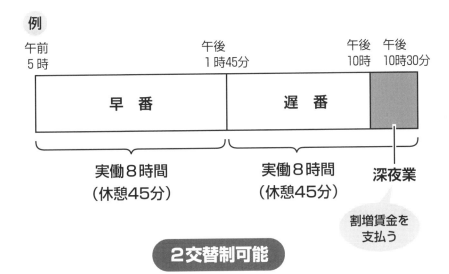

2交替制可能

66 年少者の就業制限

危険有害業務の就業制限

満18歳に満たない年少者は、安全、衛生、福祉の見地からその保護を図るため、危険有害業務についての就業が制限されています。

労働基準法62条1項では、「使用者は、満18才に満たない者に、運転中の機械若しくは動力伝導装置の危険な部分の掃除、注油、検査若しくは修繕をさせ、運転中の機械若しくは動力伝導装置にベルト若しくはロープの取付け若しくは取りはずしをさせ、動力によるクレーンの運転をさせ、その他厚生労働省令で定める危険な業務に就かせ、又は厚生労働省令で定める重量物を取り扱う業務に就かせてはならない」としています。就業を制限されている業務については、右ページの図で確認してみてください。

また、年少者を、毒劇薬、毒劇物その他有害な原料もしくは材料または爆発性、発火性もしくは引火性の原料もしくは材料を取り扱う業務、著しく塵埃もしくは粉末を飛散し、もしくは有害ガスもしくは有害放射線を発散する場所または高温もしくは高圧の場所における業務その他安全、衛生または福祉に有害な場所における業務に就かせることも禁止されています。

坑内労働の禁止

坑内労働は、発育途上にある年少者に対して、適切な労働ではないため、満18歳未満の年少者の坑内労働は全面的に禁止されています（労基法63条）。

たとえ軽易な業務であったとしても、坑内で労働させることはできません。

156

◎年少者の就業制限業務◎

①重量物を取り扱う就業制限

年齢および性		重量	
		断続作業	継続作業
満16歳未満	女	12kg	8kg
	男	15kg	10kg
満16歳以上 満18歳未満	女	25kg	15kg
	男	30kg	20kg

②安全上有害な業務の就業制限

ボイラー（小型ボイラーを除く。以下同じ）の取扱いの業務、ボイラーの溶接の業務、クレーン・デリック等の運転の業務、緩燃性でないフィルムの上映操作の業務、エレベーター（最大積載荷重２トン以上）等の運転の業務、動力により駆動される軌条運輸機関・貨物自動車（最大積載荷重２トン以上）等の運転の業務、動力により駆動される巻上げ機（電気・エアホイストを除く）等の運転の業務、充電電路（直流750V・交流300V超）またはその支持物の点検・修理・操作の業務、運転中の原動機または原動機から中間軸までの動力伝導装置の掃除・給油・ベルトの掛け換え等の業務、クレーン・デリック等の玉掛の業務（補助作業を除く）、液体燃焼器（最大毎時400リットル以上の消費量）の点火の業務、動力により駆動される土木建築用機械・船舶荷扱用機械の運転の業務、ゴム・ゴム化合物または合成樹脂のロール練りの業務、丸のこ盤（φ＝250mm以上）・帯びのこ盤（φ＝750mm以上）に木材を送給する業務、動力により駆動されるプレスの金型、シャーの刃部の調整、掃除の業務、操車場の構内における軌道車両の入れ換え等の業務、軌道内での単独作業（ずい道内・見通し距離400m以内・車両通行頻繁箇所）の業務、蒸気・圧縮空気により駆動されるプレスまたは鍛造機械を用いる金属加工の業務、動力により駆動されるプレス、シャーを用いる厚さ８mm以上の鋼鈑加工の業務、手押しかんな盤または単軸面取り盤の取扱いの業務、岩石・鉱物の破砕機・粉砕機の材料を送給する業務、土砂崩壊のおそれのある場所または深さ５m以上の地穴内における業務、墜落により危害を受けるおそれのある場所（高さ５m以上）における業務、足場の組立・解体・変更作業（地上等の補助作業を除く）の業務、立木（胸高直径350mm以上）の伐採の業務、機械集材装置、運材索道等を用いて木材を搬出する業務、火薬・爆薬・火工品を取り扱う業務等で爆発のおそれのあるもの、危険物（労働安全衛生法施行令別表第１に掲げる爆発物等）を取り扱う業務で、爆発・発火・引火のおそれのあるもの、圧縮ガスまたは液化ガスを製造し、または用いる業務

③衛生上有害な業務の就業制限

水銀・砒素・黄りん・弗化水素酸・塩酸・硝酸等の有害物の取扱いの業務、鉛・水銀・クロム等の有害物のガス・蒸気・粉塵を発散する場所における業務、土石等のじんあい・粉末を著しく飛散する場所における業務、ラジウム放射線・エックス線その他の有害放射線にさらされる業務、多量の高熱物体を取り扱う業務および著しく暑熱な場所における業務、多量の低温物体を取扱う業務および著しく寒冷な場所における業務、異常気圧下における業務、さく岩機・鋲打機等身体に著しい振動を与える機械器具を用いる業務、強烈な騒音を発する場所における業務、病原体によって著しく汚染のおそれのある業務

④福祉上有害な業務の就業制限

焼却・清掃またはと殺の業務、監獄または精神病院における業務、酒席に侍する業務、特殊の遊興的接客業における業務

67 妊産婦等の就業制限

危険有害業務の就業制限

　母性保護の見地から、妊産婦については、その妊娠、出産、哺育等に有害な業務への就業が制限されています。

● **妊娠中の女性**

　　就業制限されるのは24業務です。

● **産後１年を経過しない女性**

　　就業制限されるのは22業務です。

　これらの業務のうち、女性の妊娠、出産機能に有害な業務については、妊産婦以外の女性についても就業が禁止されています。

　妊産婦等が就業制限されている業務の範囲は、右ページ表のとおりです。

坑内労働の禁止

　以下の女性については、坑内で行なわれるすべての業務に就かせてはなりません。

● **妊娠中の女性**

● **坑内で行なわれる業務に従事しない旨を申し出た産後１年を経過しない女性**

　また、妊産婦以外であっても18歳以上の女性については、坑内で行なわれる業務のうち、人力による掘削の業務等の女性に有害な業務に就かせることは禁止されています。

158

◎妊産婦等の就業制限業務◎

×…女性を就かせてはならない業務
△…女性が申し出た場合就かせてはならない業務
○…女性を就かせても差し支えない業務

女性労働基準規則2条1項		就業制限の内容		
		妊婦	産婦	その他の女性
1号	重量物を取り扱う業務	×	×	×
2号	ボイラーの取扱いの業務	×	△	○
3号	ボイラーの溶接の業務	×	△	○
4号	つり上げ荷重が5トン以上のクレーン、デリックまたは制限荷重が5トン以上の揚貨装置の運転の業務	×	△	○
5号	運転中の原動機または原動機から中間軸までの動力伝導装置の掃除、給油、検査、修理またはベルトの掛換えの業務	×	△	○
6号	クレーン、デリックまたは揚貨装置の玉掛けの業務（2人以上の者によって行なう玉掛けの業務における補助作業の業務を除く）	×	△	○
7号	動力により駆動させる土木建築用機械または船舶荷扱用機械の運転の業務	×	△	○
8号	直径が25センチメートル以上の丸のこ盤（横切用丸のこ盤および自動送り装置を有する丸のこ盤を除く）またはのこ車の直径が75センチメートル以上の帯のこ盤（自動送り装置を有する帯のこ盤を除く）に木材を送給する業務	×	△	○
9号	操車場の構内における軌道車両の入換え、連結または解放の業務	×	△	○
10号	蒸気または圧縮空気により駆動されるプレス機械または鍛造機械を用いて行なう金属加工の業務	×	△	○
11号	動力により駆動されるプレス機械、シャー等を用いて行なう厚さ8ミリメートル以上の鋼板加工の業務	×	△	○
12号	岩石または鉱物の破砕機または粉砕機に材料を送給する業務	×	△	○
13号	土砂が崩壊するおそれのある場所または深さが5メートル以上の地穴における業務	×	○	○
14号	高さが5メートル以上の場所で、墜落により労働者が危害を受けるおそれのあるところにおける業務	×	○	○
15号	足場の組立て、解体または変更の業務（地上または床上における補助作業の業務を除く）	×	△	○
16号	胸高直径が35センチメートル以上の立木の伐採の業務	×	△	○
17号	機械集材装置、運材索道等を用いて行なう木材の搬出の業務	×	△	○
18号	有害物を発散する場所において行なわれる業務	×	×	×
19号	多量の高熱物体を取り扱う業務	×	△	○
20号	著しく暑熱な場所における業務	×	△	○
21号	多量の低温物体を取り扱う業務	×	△	○
22号	著しく寒冷な場所における業務	×	△	○
23号	異常気圧下における業務	×	△	○
24号	さく岩機、鋲打機等身体に著しい振動を与える機械器具を用いて行なう業務	×	×	○

68 産前産後に必要となる措置

産前産後休業とは

母体保護の観点から、女性労働者の産前産後休業が次のように規定されています。

● 産前休業…6週間（多胎妊娠の場合は14週間）
● 産後休業…8週間

なお、産前休業は、妊娠中の女性から**請求された場合に適用**になるものですが、産後休業については、女性の**請求の有無にかかわらず**、原則として就業が禁止されています。

ただし、産後休業については、産後6週間を経過した後に、女性が請求し、**医師が支障がないと認めた業務**については、就業が認められています。

また、妊娠中の女性が請求した場合は、**軽易な業務に転換**させる必要があります。ただし、新たに軽易な業務を創設する必要はありません。

労働時間の制限

妊娠中の女性や産後1年を経過しない女性（妊産婦）が請求した場合には、1か月単位の変形労働時間制、1年単位の変形労働時間制、1週間単位の非定型的変形労働時間制の規定にかかわらず、1週間について、または1日について法定労働時間を超えて労働させてはなりません。

また、妊産婦が請求した場合には、時間外労働、休日労働または深夜業をさせてはなりません。

育児時間の適用

生後満1年に達しない生児を育てる女性は、休憩時間のほかに、1日2回、各々少なくとも30分、授乳等の世話のための育児時間を請求することができます。

生理日の就業

生理日の就業が著しく困難な女性が、休暇を請求したときは、生理日に就業させてはなりません。

◎産前産後休業のしくみ◎

● 出産予定日に出産した場合

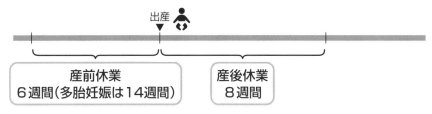

● 出産予定日後に出産した場合

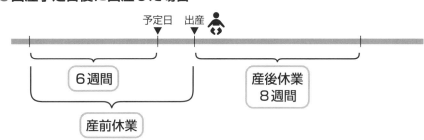

◎妊産婦等に対する労働時間等の制限◎

	妊娠中の女性		産後1年を経過しない女性	
		管理監督者		管理監督者
労働時間の制限	○	×	○	×
時間外労働の制限	○	×	○	×
休日労働の制限	○	×	○	×
深夜業の制限	○	○	○	○
軽易な業務への転換	○	○	×	×

○：請求により適用
×：適用なし

なるほどQ&A⑦

育児・介護休業法とは？

Q 女性労働者が、産後8週間を経過した後に育児休業を取得したいと請求した場合、事業主は拒否できるのでしょうか？

A 労働基準法では産前産後休業のみ規定されていますが、育児・介護休業法により、労働者が1歳に満たない子を養育するために、事業主に育児休業を申し出た場合は、休業させなくてはなりません。

なお、保育所に入所できなかった場合などは子が1歳6か月（1歳6か月の時点でも保育所に入所できなかった場合などは2歳）になるまで、育児休業を延長することができます。

Q 男性労働者が育児休業を請求することはできるのでしょうか？

A 産前産後休業は女性労働者に限定されますが、育児休業は男性労働者も請求することができます。

Q 育児・介護休業法では、育児休業、介護休業のほか、どのようなことが定められているのでしょうか？

A 育児・介護休業法は、育児や介護を行なう労働者の職業生活と家庭生活との両立が図られるように支援することを目的としており、子の看護休暇、介護休暇、所定外労働時間を制限する制度、時間外労働を制限する制度、深夜業を制限する制度、所定労働時間の短縮措置、育児休業や介護休業に関するハラスメントの防止措置などについて定められています。

育児休業や介護休業中の待遇やその後の労働条件に関して、就業規則等にあらかじめ定め、労働者に周知する努力義務についても定められているので、就業規則の作成、変更の際には注意しましょう。

労働基準法「就業規則」

就業規則の作成のしかたと記載事項

絶対的必要記載事項と相対的必要記載事項があります。

69 就業規則の作成・変更のしかた

就業規則を作成・届出しなければならない場合

「就業規則」は、労働時間、賃金等の労働条件について定めるとともに、労働者が就業する際の職場の規律等を規定したものであり、企業秩序を維持するための重要な規則です。

常時10人以上の労働者を使用する使用者は、就業規則を作成し、労働者の過半数で組織する労働組合（労働者の過半数で組織する労働組合がない場合には労働者の過半数を代表する者）の意見を聴取したうえで、所轄の労働基準監督署長に届け出なければなりません。

また、就業規則を変更した場合にも、労働者の過半数で組織する労働組合等の意見を聴き、所轄の労働基準監督署に届け出なくてはなりません。

常時10人以上の労働者とは

常時10人以上の労働者を使用するということは、ときには10人を下回っても、10人以上使用することが常態であるということです。

なお、10人には正社員のみならず、パートタイマーも含まれます。

また、就業規則の作成および届出の義務は、1つの企業単位ではなく、**事業場**ごとに課せられます。

常時10人未満の労働者を使用する場合には、法律上の就業規則の作成義務はありませんが、労働条件を明確にするためにも、就業規則を作成することが望ましいとされています。

意見聴取のしかた

就業規則の作成または変更の際には、労働組合等からの意見聴取が必要となりますが、これはあくまでも意見を聴くのであって、同意を得る必要はありません。

なお、就業規則を所轄の労働基準監督署長に届け出る際には、この意見聴取の結果を**意見書として添付**する必要があります。

就業規則の周知義務

就業規則は、労働者に周知させることが義務づけられています。

164

◎就業規則の作成（変更）から届出までの流れ◎

常時10人以上の労働者を使用する事業場

就業規則の作成（変更）

労働者の過半数で組織する労働組合
労働者の過半数代表者

意見聴取

意見書

労働者に

周知

- 常時、各作業場の見やすい場所に掲示し、または備え付ける方法
- 労働者に書面を交付する方法
- 磁気テープ、磁気ディスクその他これらに準ずる物に記録し、かつ、各作業場に労働者がその記録の内容を常時確認できる機器を設置する方法

所轄の労働基準監督署長へ

届出

70 就業規則の内容と形式をどうするか

就業規則の記載事項とは

就業規則には、必ず記載しなければならない「**絶対的必要記載事項**」と、各事業場内で定めがある場合には必ず記載しなければならない「**相対的必要記載事項**」があります。

右ページに「絶対的必要記載事項」と「相対的必要記載事項」を列挙しましたので、確認してください。

職場において、使用者と労働者との間で、労働条件や服務規律などについて理解や解釈が異なり、これが原因となってトラブルが発生することがあります。

たとえば、年次有給休暇の取得をめぐる問題、時間外・休日労働をめぐる問題、賃金・賞与・退職金の支払いをめぐる問題、人事異動をめぐる問題、ハラスメントの問題、解雇をめぐる問題…などいろいろな疑問点があり、トラブルに発展することもあるでしょう。

このような疑問点の解消やトラブルを防ぐためには、賃金や労働時間などの労働条件、服務規律などをしっかりと言語化・明文化し、従業員に周知させておくことが必要です。

就業規則は、こうした職場における雇用管理全般、つまり採用から退職（解雇を含む）までの雇用上の諸問題に関する事項を定めたものです。

就業規則で雇用に関するルールを明確にして、誤解によるものや無用のトラブルを回避することで健全な企業の発展に寄与します。

就業規則の形式

ひとつの事業場内で、たとえばパートタイマーなどの一部の労働者について、別の就業規則を作成することも可能です。

この場合には、その事業場で定められている就業規則と一部の労働者にのみ適用する就業規則とを合わせたものが、労働基準法89条でいう就業規則と解されます。

また、一定の事項について別規則とする場合や細則を設けることも可能です。

166

◎就業規則の「絶対的必要記載事項」と「相対的必要記載事項」◎

絶対的必要記載事項

①労働時間関係
　始業および終業の時刻、休憩時間、休日、休暇ならびに労働者を
　2組以上に分けて交替に就業させる場合においては就業時転換
　に関する事項
②賃金関係
　賃金の決定、計算および支払いの方法、賃金の締切りおよび支払
　いの時期ならびに昇給に関する事項
③退職関係
　退職に関する事項（解雇の事由を含む）

相対的必要記載事項

①退職手当関係
　適用される労働者の範囲、退職手当の決定、計算および支払いの
　方法ならびに退職手当の支払いの時期に関する事項
②臨時の賃金・最低賃金額関係
　臨時の賃金等（退職手当を除く）および最低賃金額に関する事項
③費用負担関係
　労働者に食費、作業用品その他の負担をさせることに関する事項
④安全衛生関係
　安全および衛生に関する事項
⑤職業訓練関係
　職業訓練に関する事項
⑥災害補償・業務外の傷病扶助関係
　災害補償および業務外の傷病扶助に関する事項
⑦表彰・制裁関係
　表彰および制裁の種類および程度に関する事項
⑧その他
　事業場の労働者すべてに適用されるルールに関する事項

　これらの場合にも、別規則や細則を合わせたものがその事業場の就業
規則となるので、意見聴取や届出の際には注意しましょう。

71 減給の制裁の定め

就業規則に規定する制裁とは

　職場の規律違反や、対外的信用を失墜させるような行為をした労働者に対し、訓戒、けん責、減給、出勤停止、懲戒解雇などの処分を行なうことを「**制裁**」といいます。

　企業秩序を維持するために、これらの制裁を定めることが一般的ですが、制裁を課す場合には、就業規則において、制裁の種類・程度、制裁事由を記載する必要があります。

　ただし、労働者が労働の対価として本来受けるべき賃金を減額する「**減給の制裁**」については、あまり多額になると労働者の生活を直接脅かすことになりかねません。そのため、減給の制裁については、以下のように一定の制限が設けられています。

①**減給できる額は、１回の事案については、平均賃金の１日分の半額以内でなくてはならない**

　減給の対象となる事案が１日２回以上ある場合は、それぞれの事案に対する減給額が、平均賃金の１日分の半額以内であれば、減給額の合計が平均賃金の１日分の半額を超えていても問題ありません。

　ただし、１回の事案について、平均賃金の１日分の半額ずつを何回にもわたって減給することはできません。

②**一賃金支払期に発生した複数事案に対する減給の総額が、その賃金支払期における賃金の総額の10分の１を超えるとしても、実際の減給額は、その賃金支払期における賃金の総額の10分の１以内でなければならない**

　一賃金支払期の賃金の総額の10分の１を超えて減給の制裁を行なう必要がある場合には、その超える部分については、次期以降の賃金支払期において減給することが可能です。

　なお、賞与についても、減給の制裁が適用されます。

168

◎減給の制裁に関する制限◎

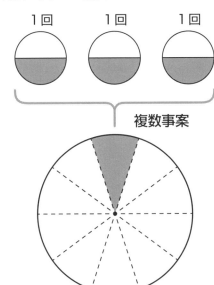

[1回の事案]
平均賃金の1日分の半額以内

[一賃金支払期]
賃金総額の10分の1以内

減給の制裁に該当しない場合

- 欠勤日数分の賃金を支払わない

- 遅刻または早退した時間分の賃金を支払わない
  ＊遅刻・早退の時間に対する賃金額を超える減給は、減給の制裁に該当

- 制裁として出勤停止処分とした場合に出勤停止期間の日数分の賃金を支払わない

ノーワークノーペイの原則

72 就業規則と労働協約等との関係

就業規則と法令または労働協約との関係

　労働基準法92条によれば、「**就業規則は、法令又は当該事業場について適用される労働協約に反してはならない**」とされています。

　就業規則の規定が、法令またはその事業場で適用される労働協約に反する場合には、その限りにおいて就業規則の規定は無効となります。

　この場合の法令には、労働基準法のみならず、その他の法律、命令、条例等も含まれるので、就業規則の作成にあたっては、それらの法令に反しないようにしなくてはなりません。

　また、法令または労働協約に抵触する就業規則の定めについては、所轄の労働基準監督署長はその変更を命ずることができます。

　これは、就業規則の変更を命ずることができるのであって、所轄の労働基準監督署長が自ら就業規則を変更することができるわけではありません。

　なお、変更を命じられた使用者は、所定の手続きによってその就業規則を変更する必要があります。

就業規則の効力

　使用者が、就業規則よりも不利な労働契約を締結して労働者に強制することは、労働条件の画一化と労働者の保護を図ろうとする就業規則の目的が失われてしまうため、労働契約と就業規則との関係については、労働契約法12条により、「就業規則で定める基準に達しない労働条件を定める労働契約は、その部分については、無効とする。この場合において、無効となった部分は、就業規則で定める基準による」とされています。

　なお、就業規則で定める基準を上回る労働条件を定める労働契約がある場合には、その労働契約が優先されます。

◎就業規則の定めはどれだけ強いか◎

ただし、就業規則で定める基準を上回る労働条件を定める労働契約がある場合には、その労働契約が優先される

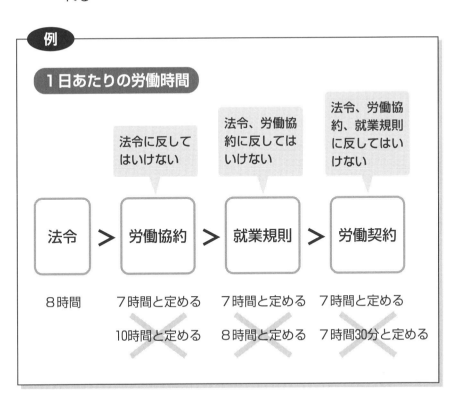

なるほどQ&A⑧
労働条件の不利益変更の注意点は？

Q 就業規則を変更しようと思いますが、どのようなことに注意すればよいですか？

A 労働契約法9条では、「使用者は、労働者と合意することなく、就業規則を変更することにより、労働者の不利益に労働契約の内容である労働条件を変更することはできない」と定められており、使用者が一方的に労働者の不利益となるような就業規則の変更を行なうことはできません。

また、変更内容が法令や労働協約に反するものとなっていないか確認する必要もあるので、社会保険労務士などの専門家に相談することが望ましいでしょう。

Q 就業規則を変更することで、労働条件を不利益に変更することは絶対にできないのでしょうか？

A 就業規則の変更が、労働者の受ける不利益の程度、労働条件の変更の必要性、変更後の就業規則の内容の相当性、労働組合等との交渉の状況その他の就業規則の変更に係る事情に照らして合理的なものであって、使用者が変更後の就業規則を労働者に周知させたときは、就業規則を変更することができます。

ただし、労働条件の不利益変更は非常に難しく、変更により労働者に与える不利益が大きければ大きいほど、変更の必要性が高く、また、代償措置を整備したなどの合理性を基礎づける事情がなければ、その変更は無効とされるおそれが高いと考えられます。

労働者の不利益となるように就業規則を変更しようとする場合には、その内容や必要性などについて労働者に十分に説明し、個別に合意を得るべきでしょう。

労働基準法「雑則」その他

技能者の養成、寄宿舎等に関する取扱い

73 技能者の養成、職業訓練に関する取扱い

徒弟制度の弊害を排除する

労働基準法では、徒弟、見習、養成工などの技術の取得を目的とする労働者を酷使したり、家事やその他の技術の取得に関係のない作業に従事させてはならない、と規定されています。

この規定は、わが国における従来の徒弟制度にまつわる悪習慣を是正し、特に酷使の典型である雑役への使用を禁止する趣旨でできました。

家事その他技術の習得に関係のない作業のなかには、機械、道具、器材等の出し入れ、整備、事業場の整頓、清掃など、その技能を習得するために必要と認められる作業は含まれませんが、個々の場合についてその範囲を具体的に判断し、監督・取締りを適切に行なうものとされています。

職業訓練に関する特例

職業能力開発促進法の規定により、都道府県知事の認定を受けて行なう認定職業訓練を受けている労働者に対しては、都道府県労働局長の許可によって、契約期間、年少者または妊産婦などに関する次の保護規定を緩和する特例が設けられています。

①年少者・妊産婦等の危険有害業務の就業制限
②年少者の坑内労働の禁止（満16歳以上の男性に限る）
③妊産婦等の坑内業務の就業制限

なお、労働契約の契約期間については、その労働者の受ける訓練課程に応じて、職業能力開発促進法にもとづいて定められている普通訓練課程の訓練基準または専門訓練課程の訓練基準で定める訓練期間の範囲内で、1年を超える期間を定めることができます。

また、この特例の適用を受ける労働者のうち、満20歳に満たない者については、年次有給休暇の付与日数を継続勤務6か月で12労働日とすることとされています。

この未成年者の年次有給休暇の付与日数については、右ページの下表を参考にしてください。

174

◎職業訓練に関する特例とは◎

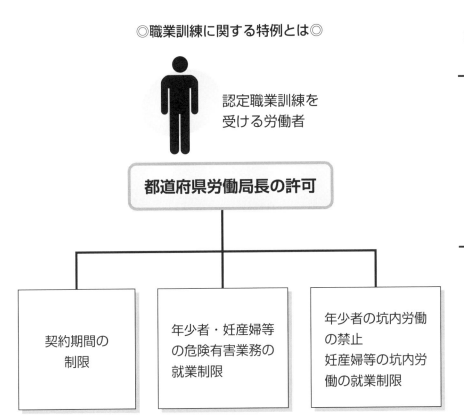

◎職業訓練を受ける未成年者の年次有給休暇の付与日数◎

継続勤務年数	6か月	1年6か月	2年6か月	3年6か月	4年6か月	5年6か月以上
付与日数	12日	13日	14日	16日	18日	20日

74 寄宿舎に関する取扱い

寄宿舎生活の自治

事業の附属寄宿舎における労働者の私生活は、労働関係とは別個の私生活であり、使用者の干渉は許されません。

また、労働者の私生活の自由を確保するために、使用者が寮長や室長などの寄宿舎生活の自治に必要な役員の選任に干渉をしてはなりません。

ただし、施設の管理等のために管理人や寮母を置くことは、私生活の自由を侵さぬ限り差し支えありません。

寄宿舎規則の作成

事業の附属寄宿舎に労働者を寄宿させる使用者は、以下にあげる事項について「寄宿舎規則」を作成し、所轄の労働基準監督署長に届け出なければなりません。

①起床、就寝、外出および外泊に関する事項　　②行事に関する事項
③食事に関する事項　　④安全および衛生に関する事項
⑤建設物および設備の管理に関する事項

なお、この規定については、寄宿舎に寄宿する労働者の過半数を代表する者の同意を得なければなりません。

寄宿舎の設備や安全衛生に関する措置

事業の附属寄宿舎について、使用者は、換気、採光、照明、保温、防湿、清潔、避難、定員の収容、就寝に必要な措置、その他労働者の健康・風紀・生命の保持に必要な措置を講じなくてはなりません。

寄宿舎に関する行政措置

常時10人以上の労働者を就業させる事業、厚生労働省令で定める危険な事業または衛生上有害な事業の附属寄宿舎を設置し、移転し、または変更しようとする場合については、使用者は、危害防止等に関する基準に従って定めた計画を、工事着手の14日前までに、所轄の労働基準監督署長に届け出なければなりません。

また、所轄の労働基準監督署長は、労働者の安全および衛生に必要で

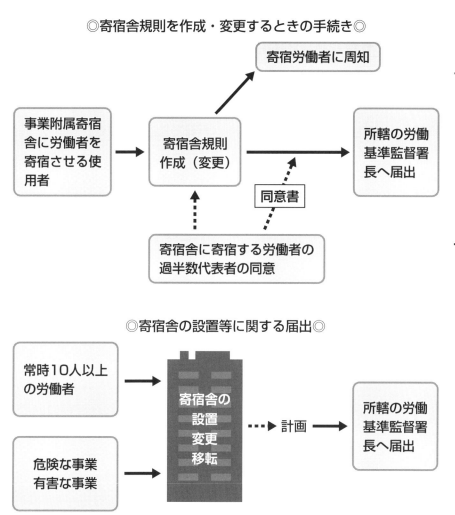

あると認める場合は、工事の着手を差し止め、または計画の変更を命ずることができます。

75 法令等の周知義務と帳簿の作成等

法令等の周知義務

使用者は、労働基準法およびこれにもとづく命令の要旨、就業規則、労使協定、企画業務型裁量労働制に係る労使委員会の決議について、労働者に周知させなくてはなりません。

労働者名簿・賃金台帳の作成

使用者は、各事業場ごとに**労働者名簿**を各労働者について調整し、右ページ上図にあげた事項を記入しなければなりません。

また、使用者は、各事業場ごとに**賃金台帳**を調整し、賃金を支払うつど遅滞なく右ページ下図にあげた事項を記入しなければなりません。

なお、日雇労働者については、労働者名簿の調整義務はありませんが、賃金台帳は調整しなくてはなりません。

記録の保存

使用者は、労働者名簿、賃金台帳および雇入れ、解雇、災害補償、賃金、その他労働関係に関する重要な書類を3年間保存しなくてはなりません。

付加金の取扱い

裁判所は、解雇予告手当、休業手当もしくは割増賃金の支払いの規定に違反した使用者、または年次有給休暇の賃金を支払わなかった使用者に対して、労働者の請求により、これらの規定により使用者が支払わなければならない金額についての未払金のほか、これと同一額の付加金の支払いを命ずることができます。

ただし、この請求は違反のあったときから2年以内にしなくてはなりません。

請求権の時効

労働基準法の請求権の時効は、以下のとおりです。

- 退職手当以外の請求権…2年間
- 退職手当の請求権………5年間

◎労働者名簿の記載事項◎

①氏名
②生年月日
③履歴
④性別
⑤住所
⑥従事する業務の種類（常時30人未満の事業場では不要）
⑦雇入れの年月日
⑧退職の年月日およびその事由（退職の事由が解雇の場合はその理由）
⑨死亡の年月日およびその原因

（※退職日から3年間保存）

◎賃金台帳の記載事項◎

①氏名
②性別
③賃金計算期間
④労働日数
⑤労働時間数
⑥時間外、休日労働時間数および深夜労働の時間数
⑦基本給、手当その他賃金の種類ごとにその額
⑧賃金控除の額

（※最後の記入をした日から3年間保存）

- 記載項目を満たしていれば様式は問われません（たとえば、賃金台帳と源泉徴収簿を合わせて調製してもかまいません）。
- いずれの台帳も電子データで記録・保存することができます（ただし、労働基準監督官から求められたときは、すぐにディスプレイに表示し、写しを提出できるようにしておかなければなりません）。

76 監督機関の組織と役割

監督組織にはどんなものがあるか

労働基準法で定める最低基準を確保するための監督組織として、厚生労働省には「**労働基準局**」が、各都道府県には「**都道府県労働局**」が、各都道府県労働局管内には「**労働基準監督署**」がそれぞれ設置されています。

労働基準監督官の権限

労働基準局、都道府県労働局および労働基準監督署の職員である「**労働基準監督官**」は、以下の行政上の権限を有しています。

①臨検等

事業場、寄宿舎その他の附属建設物に臨検し、帳簿および書類の提出を求め、または使用者もしくは労働者に対して尋問を行なうことができます。

②行政官庁の権限の即時行使

事業の附属寄宿舎が法定の基準を満たしておらず、かつ、労働者に急迫した危険がある場合には、即時に使用の停止を命じることができます。

なお、労働基準監督官は、労働基準法違反の罪について、刑事訴訟法に規定する**司法警察官の職務**を行なうこととされ、逮捕、差押え、捜索等を行なうことができます。

監督機関に対する申告

労働者は、事業場に労働基準法違反の事実がある場合には、その事実を行政官庁または労働基準監督官に申告することができます。

これは、労働者が違反の事実を通告することによって、監督機関の行政上の権限の発動を促し、労働基準法がよりよく実施されることを期待して規定されたものです。

なお、当然のことながら、使用者は、労働者が監督機関に申告をしたことを理由として、労働者に対し解雇その他の不利益な取扱いをしてはなりません。

180

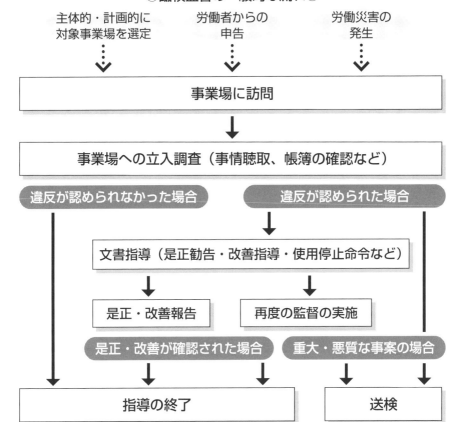

なるほどQ&A ⑨
障がい者の雇用義務とは？

Q 障がい者雇用率制度とは、どのような制度でしょうか？

A 障がいを持つ方が、ごく普通に地域で暮らし、地域の一員として共に生活できる「共生社会」実現の理念のもと、使用者に法定雇用率以上の割合で障がい者を雇用することを義務づけた制度です。現在、法定雇用率は、民間企業：2.2％、国、地方公共団体等：2.5％、都道府県等の教育委員会：2.4％と定められています。

したがって、常時雇用している労働者が45.5人以上の民間企業においては、障がい者の雇用義務があります。たとえば、常時雇用している労働者が120人の企業の場合、2人以上（120人×2.2％＝2.64人（小数点以下切捨て））の障がい者を雇用する必要があります。

Q 法定雇用率を満たせない場合は、どうなるのでしょうか？

A 法定雇用率を下回る使用者は、障害者雇用納付金を申告、納付する必要があります。納付金は、不足1人あたり月額5万円です。

なお、法定雇用率を上回って障がい者を雇用している使用者に対しては、使用者の申請にもとづき調整金や報奨金が支給されます。

Q 障がいを持つ方をどのように雇用すればいいか、共に働くために何をすればいいかなど、相談できる機関はありますか？

A ハローワークや地域障害者職業センター、障害者就業・生活支援センターなどで相談や支援を行なっています。

それぞれの問い合わせ先は、厚生労働省や各機関のウェブサイトを参照してください。

10章

労働契約法の基礎知識

....

労働契約については
労働契約法の規定も欠かせない

....

77 労働契約の基本原則

労働契約を有効に履行するために知っておくべき基本原則

「**労働契約法**」では、労働契約の基本的な理念および労働契約に共通する原則が、以下のように明らかにされています。

①労使対等の原則

当事者の合意により契約が成立し、または変更されることは、契約の一般原則ですが、個別の労働者および使用者の間には、現実の力関係の不平等が存在しています。

このため、労働契約を締結し、または変更するに当たっては、労働契約の締結当事者である労働者および使用者の対等の立場における合意によるべきという「労使対等の原則」を規定し、労働契約の基本原則が確認されています。

②均衡考慮の原則

労働契約の締結または変更に当たり、均衡を考慮することが重要であることから、労働契約の締結当事者である労働者および使用者が、労働契約を締結し、または変更する場合には、就業の実態に応じて、均衡を考慮すべきものとするという「均衡考慮の原則」が規定されています。

③仕事と生活の調和への配慮の原則

近年、仕事と生活の調和が重要となっていることから、この重要性が改めて認識されるよう、労働契約の締結当事者である労働者および使用者が、労働契約を締結し、または変更する場合には、仕事と生活の調和に配慮すべきものとするという「仕事と生活の調和への配慮の原則」が規定されています。

④信義誠実の原則

労働者および使用者は、労働契約を遵守するとともに、信義に従い誠実に、権利を行使し、および義務を履行しなければならないことを規定し、「信義誠実の原則」が労働契約に関して確認されています。

⑤権利濫用の禁止の原則

労働者および使用者は、労働契約にもとづく権利の行使に当たっては、

◎労働契約の基本原則によって雇用ルールが明確になった◎

10章 労働契約法の基礎知識

労働契約については労働契約法の規定も欠かせない

労働契約の基本原則

【労働契約法3条】

①労働契約は、労働者および使用者が対等の立場における合意にもとづいて締結し、または変更すべきものとする。

②労働契約は、労働者および使用者が、就業の実態に応じて、均衡を考慮しつつ締結し、または変更すべきものとする。

③労働契約は、労働者および使用者が仕事と生活の調和にも配慮しつつ締結し、または変更すべきものとする。

④労働者および使用者は、労働契約を遵守するとともに、信義に従い誠実に、権利を行使し、および義務を履行しなければならない。

⑤労働者および使用者は、労働契約にもとづく権利の行使に当たっては、それを濫用することがあってはならない。

雇用ルールの明確化

それを濫用することがあってはならないことを規定し、「権利濫用の禁止の原則」が労働契約に関して確認されています。

78 労働契約と就業規則

労働契約法で就業規則の効力を明定化

労働契約法では、就業規則の効力について、**判例法理**（88ページ参照）を踏まえて体系的に規定が整備されています。

労働契約を締結する場合において、使用者が合理的な労働条件が定められている就業規則を労働者に周知させていた場合、労働契約はそれに依拠することが明定化されました。

したがって、合理的であることを前提に、個々の労働条件によらず、周知された就業規則が労働契約の補充的な効力をもって包括的に適用されることになります。

就業規則を変更する場合は

労使間で合意がされずに就業規則が変更され、それに伴って労働条件が労働者にとって不利益に変更されるようなことは、原則として禁止されています。

しかし、就業規則の変更が合理的なものであるときは、労働契約の内容である労働条件は、変更後の就業規則の定めによることとされています。

合理的とみなされるためには、就業規則の変更を労働者に周知させ、かつ、その変更が労働者の受ける不利益の程度、労働条件の変更の必要性、変更後の就業規則の内容の相当性、労働組合等との交渉の状況その他、就業規則の変更に係る状況その他、就業規則の変更に係る事情に照らす、と労働契約法に明示されています。

したがって、これらを具備して合理的であると判断されれば、変更後の就業規則に定められた労働条件がそのまま、包括的に労働契約上の労働条件となり得ることになります。

また、就業規則の変更手続きについては、従来どおり労働基準法89条、90条の規定がそのまま適用され、「**労働者の意見聴取→意見書を付して労働基準監督署長へ届出→労働者へ周知**」という一連の流れが踏襲されることになります。

◎就業規則の内容・変更が労働条件として包括適用される◎

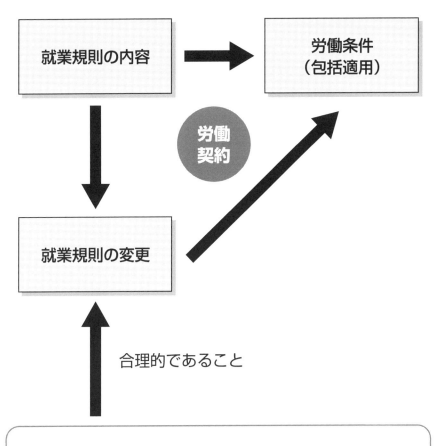

①労働者に周知
②労働者の受ける不利益の程度
③労働条件の変更の必要性
④内容の相当性
⑤労働組合等との交渉の状況
⑥その他変更に係る事情

79 権利の濫用と有期労働契約

「権利の濫用」とは

使用者が企業経営を展開していく際には、経営権が認められていますが、その権利を労働者に一方的に課すことは「権利の濫用」とされる場合があることが、これまでの判例法理で確立しています。

たとえば労働契約法では、「出向命令権」「懲戒権」「解雇権」について、「客観的に合理的な理由を欠き、社会通念上相当であると認められない場合は、その権利を濫用したものとして、無効とする」として、権利の濫用に一定の歯止めをかける規定が明定化されています。

有期労働契約の解約の制限

「有期労働契約」では、契約社員や準社員などと呼んで正社員に準ずる立場におき、正社員よりも簡単に人員整理ができるとの誤った認識が広く浸透しているため、「期間の定めのある労働契約」にもとづいて労働する人たちに一定の保護が必要とされてきました。

そもそも民法628条では、契約期間中に労働契約を解約するためには、「やむを得ない事由」が必要とされています。

有期労働契約の場合、いったん契約期間を定めておきながら、解約が自由に認められてしまうと、契約期間の定めが労使間の契約関係を拘束している意味がなくなってしまいます。

この場合、あくまでも期間が満了するときが、雇用契約が終了するときであって、よほどの理由がなければ解約できない、ということが民法628条の趣旨であることを労働契約法において明らかにし、「使用者は、期間の定めのある労働契約について、やむを得ない事由がある場合でなければ、その契約期間が満了するまでの間において、労働者を解雇することができない」としています。

また労働契約法では、合わせて、必要以上に短い期間を定めて反復更新することがないよう配慮することも義務づけています。

188

◎権利の濫用は禁止されている◎

客観的に合理的な理由を欠き、社会通念上相当であると認められない場合は、その権利を濫用したものとして、無効とする。

◎有期労働契約の取扱い◎

期間の定めのある労働契約

NG やむを得ない事由がある場合でなければ契約期間の解約はできない。

必要以上に短い期間の労働契約を反復更新することへの制限 ➡ **配慮義務**

10章 労働契約法の基礎知識

労働契約については労働契約法の規定も欠かせない

80 無期転換ルールとは

有期労働契約から無期労働契約に転換できる

「無期転換ルール」とは、期間の定めがある労働契約（以下「有期労働契約」という）が5年を超えて反復更新された場合は、有期契約労働者の申込みにより、期間の定めのない労働契約（以下「無期労働契約」という）に転換されるというものです（労働契約法18条）。

すなわち、それまでは、使用者との間で1年間の有期労働契約を締結していた労働者は毎年、労働契約を更新しなければならず、原則としていつ更新の拒絶がされて雇止めがされるかわからないという不安定な地位にありました。

しかし、2013年4月の労働契約法の改正により、無期転換ルールが創設されたことにより、有期労働契約が5年を超えて反復更新された場合は、有期契約労働者から使用者に対して、無期労働契約に転換することを申し込むことができ、使用者はその申込みを承諾したものとみなされることになります。

そして、当該有期労働契約の契約期間満了日の翌日から無期労働契約に転換されます。

無期転換申込権が発生する条件

無期転換ルールは、次の3つの要件がそろったときに、無期転換申込権が発生します。

①同一の使用者との間で締結された2以上の有期労働契約の契約期間を通算した期間（「通算契約期間」という）が、5年を超えている。

②契約更新が1回以上、行なわれている。

③通算5年を超えて契約をしてきた使用者との間で、現在、有期労働契約を締結している。

なお、無期転換申込権の発生を免れる意図をもって、就業実態がそれまでと変わらないにもかかわらず、派遣形態や請負形態を偽装して労働契約の締結主体を形式的に他の使用者に切り替えた場合は、同一の使用者の要件を満たしているものと解釈されるので留意が必要です。

190

◎無期転換ルールのしくみ◎

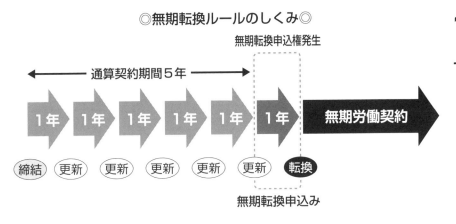

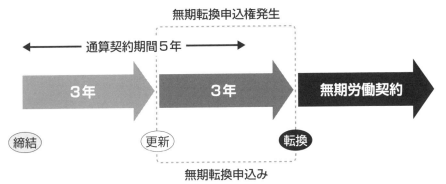

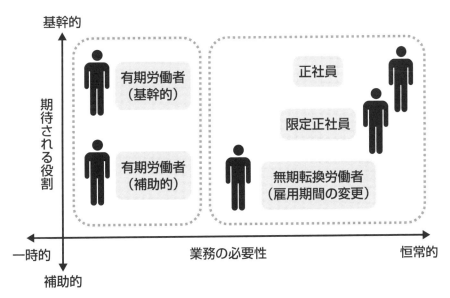

10章 労働契約法の基礎知識

労働契約については労働契約法の規定も欠かせない

81 雇止めのルールとは

有期労働契約者からの更新の申込みを拒否できない

「雇止め」とは、有期労働契約（使用者と労働者との間であらかじめ期間を定めて結ばれる労働契約）において、その契約期間が満了し、労働者からの更新の申込みを使用者が拒絶することをいいます。

しかし、有期契約労働者は、期間満了後はどうなるのか、契約を更新してもらえるのか、といった不安を抱えながら日々仕事を続けることになり、何度も契約更新が行なわれるうちに、きっと次回も更新してもらえるだろうという期待感が生じるものです。

そこで、こうした不安感や期待感を保護するために、次の2つの最高裁判例を整理し、雇止めのルールがつくられました。

【1号】過去に反復更新された有期労働契約で、その雇止めが無期労働契約の解雇と社会通念上同視できると認められるもの（東芝柳町工場事件／最高裁一小／昭49. 7.22判決）

【2号】労働者において、有期労働契約の契約期間の満了時にその有期労働契約が更新されるものと期待することについて、合理的な理由があると認められるもの（日立メディコ事件／最高裁一小／昭61.12. 4判決）

すなわち、①実質的に期間の定めのない契約と変わらないといえる場合や、②雇用の継続を期待することが合理的であると考えられる場合、労働者の契約更新の申込みを使用者が拒絶することが、客観的に合理的な理由を欠き、社会通念上相当であると認められないときは、使用者は従前と同一の労働条件でその申込みを承諾したものとみなされます（労働契約法19条）。

上記①、②いずれかの要件に該当するか否かは、当該雇用の臨時性・常用性、更新の回数、雇用の通算期間、契約期間管理の状況、雇用継続の期待を持たせる使用者の言動や制度の有無等を総合考慮して、個々の事案ごとに判断することになります。

◎雇止めのルールのあらまし◎

対象となる 有期労働契約	次の①、②のいずれかに該当する有期労働契約が対象になります。 ①過去に反復更新された有期労働契約で、その雇止めが無期労働契約の解雇と社会通念上同視できると認められるもの ★東芝柳町工場事件の最高裁判決の要件を規定したもの ②労働者において、有期労働契約の契約期間の満了時に当該有期労働契約が更新されるものと期待することについて合理的な理由^(※)があると認められるもの ★日立メディコ事件の最高裁判決の要件を規定したもの （※）1. 合理的な理由の有無については、最初の有期労働契約の締結時から雇止めされた有期労働契約の満了時までの間におけるあらゆる事情が総合的に勘案されます。 　　　2. いったん、労働者が雇用継続への合理的な期待を抱いていたにもかかわらず、契約期間の満了前に使用者が更新年数や更新回数の上限などを一方的に宣言したとしても、そのことのみをもって直ちに合理的な理由の存在が否定されることにはならないと解されます。
要件と効果	上記の①、②のいずれかに該当する場合に、使用者が雇止めをすることが、「客観的に合理的な理由を欠き、社会通念上相当であると認められないとき」は、雇止めは認められません。従前と同一の労働条件で、有期労働契約が更新されます。
必要な手続き	条文化されたルールが適用されるためには、労働者からの有期労働契約の更新の申込みが必要です（契約期間満了後でも遅滞なく申込みをすれば条文化されたルールの対象となります）。ただし、こうした申込みは、使用者による雇止めの意思表示に対して、「嫌だ、困る」と言うなど、労働者による何らかの反対の意思表示が使用者に伝わるものでもかまわないと解されます。

10章 労働契約法の基礎知識

労働契約については労働契約法の規定も欠かせない

193

82 不合理な労働条件の禁止

有期契約労働者と無期契約労働者に不合理はないか

　同一の使用者と労働契約を締結している、有期契約労働者と無期契約労働者との間で、期間の定めがあることにより不合理に労働条件を相違させることは禁止されています（労働契約法20条）。

　対象となる労働条件は、賃金や労働時間等の狭義の労働条件だけでなく、労働契約の内容となっている災害補償、服務規律、教育訓練、付随義務、福利厚生など、労働者に対する一切の待遇が含まれます。

　労働条件の相違が不合理と認められるかどうかについては、次の3点が考慮され、個々の労働条件ごとに判断されます。

①職務の内容（業務の内容および当該業務に伴う責任の程度）
②当該職務の内容および配置の変更の範囲
③その他の事情

　とりわけ、通勤手当、食堂の利用、安全管理などについて労働条件を相違させることは、上記①〜③を考慮して、特段の理由がない限り、合理的とは認められないと解されます。

　この労働契約法20条をめぐっては、最高裁が2018年6月1日に次の2つの重要な判断を下しています。

【ハマキョウレックス事件】（2018.6.1／最高裁判決）

　有期労働契約のトラック運転者が、正社員と相違のある手当などの是正を求め提訴した事件。職務の内容に相違はなかったが、正社員には異動があるなど人材活用のしくみは異なりました。最高裁は、2審が認めた手当に加えて、皆勤手当の不支給も不合理と認めました。トラック運転者を一定数確保する必要から皆勤を奨励するために支給しており、その性質が有期・無期の事情で異なることはないと判示しています。損害賠償額の算定のため、大阪高裁に差し戻しました。

【長澤運輸事件】（2018.6.1／最高裁判決）

　バラセメントタンク車の運転者3人が、定年後の再雇用で有期の嘱託社員となり、年収が20〜24％低下したのを不服として提訴したもの。嘱

◎ハマキョウレックス事件における諸手当の不合理性の判断◎

手当名	判　断	判断理由
無事故手当	×不合理 （高裁判断）	正社員と契約社員の職務の内容が同じであり、安全運転および事故防止の必要性は同じ。将来の転勤や出向の可能性等の相違によって異なるものではない。
作業手当	×不合理 （高裁判断）	正社員と契約社員の職務の内容が同じであり、作業に対する金銭的評価は、職務内容・配置の変更範囲の相違によって異なるものではない。
給食手当	×不合理 （高裁判断）	勤務時間中に食事をとる必要がある労働者に対して支給されるもので、正社員と契約社員の職務の内容が同じであるうえ、職務内容・配置の変更範囲の相違と勤務時間中に食事をとる必要性には関係がない。
住宅手当	○不合理性なし （最高裁判断）	正社員は転居を伴う配転が予定されており、契約社員よりも住宅に要する費用が多額となる可能性がある。
皆勤手当	×不合理 （最高裁判断）	正社員と契約社員の職務の内容が同じであることから、出勤する者を確保する必要性は同じであり、将来の転勤や出向の可能性等の相違により異なるものではない。
通勤手当	×不合理 （地裁／高裁）	労働契約に期間の定めがあるか否かによって通勤に必要費用が異なるわけではない。正社員と契約社員の職務内容・配置の変更範囲が異なることは、通勤に必要な費用の多寡に直接関係はない。

託社員は、稼働額の一定割合を支給する歩合給について、正社員よりその割合が高かったのですが、運転する車種に応じて支払う職務給のほか、精勤手当、役付手当、住宅手当、家族手当、賞与は無支給でした。職務の内容や人材活用のしくみに関しては、無期の正社員との間に違いはありませんでした。最高裁は長澤運輸に対し、精勤手当の格差を不合理として、5万～9万円の損害賠償を命じました。時間外・休日労働に関する超勤手当については、算定基礎となる賃金が異なることから、東京高裁へ差し戻しました。

　なお、労働契約法20条は2020年4月1日よりパート・有期労働法（48ページ参照）へ移行され、労働契約法20条は削除されます。

なるほどQ&A ⑩

地方労働行政運営方針とは？

Q 労働基準監督署は、定期的に臨検監督を行なっていると聞きましたが、どのような方針にもとづいて実施しているのでしょうか？

A 厚生労働省は毎年度、「地方労働行政運営方針」を策定しています。各都道府県労働局においては、この運営方針を踏まえつつ、各局内の管内事情に即した重点課題・対応方針などを盛り込んだ行政運営方針を策定し、計画的な行政運営を図ることとしています。

つまり、これを読み込むことで、その年度の労働基準監督署による臨検のトレンドを把握することができるのです。たとえば、「平成31年度地方労働行政運営方針」の概要は以下のとおりです。

1．平成31年度地方労働行政の重点施策
①働き方改革による労働環境の整備、生産性向上の推進等

働き方改革に取り組む中小企業・小規模事業者等に対する支援等、長時間労働の是正を始めとする労働者が健康で安全に働くことができる職場環境の整備等、（中略）生産性の向上等に向けた各種取組みを実施する。
②人材確保支援や多様な人材の活躍促進、人材投資の強化

職業紹介業務の充実強化による効果的なマッチングを推進し、人材不足分野などにおける人材確保と雇用管理改善等を推進する。（後略）
③労働保険適用徴収担当部署の重点施策

労働保険の未手続事業一掃対策を推進するとともに、労働保険料等の適正徴収等を実施する。
④毎月勤労統計調査に係る雇用保険、労災保険等の追加給付（後略）
⑤東日本大震災からの復興支援（後略）
2．地方労働行政の展開に当たり留意すべき基本的事項

各地域における総合労働行政機関として、地方公共団体、労使団体等との連携を図るとともに、労働行政に対する理解と信頼を高めるための積極的広報の実施、地域に密着した行政を展開する。（後略）

おわりに

　本書をお読みいただき、まことにありがとうございました。

　労働基準法は1947年に施行された法律で、わが国の社会経済の変化に対応して、数次の改正を経てきました。そして、70年におよぶ労働基準法の歴史的な大改革が今般の「働き方改革」です。

　改正法は施行されましたが、「まだよくわからない」「そもそも労働基準法にはどのようなことが定められているのか、きちんと理解できていない」という方も多くいらっしゃるかと思います。

　本書の執筆にあたっては、そのような方々のために労働基準法や働き方改革関連法について、わかりやすくお伝えすることを第一に考えました。

　たとえば、「就業規則の変更はどうすればいいの？」など悩まれることが多々あるかと思います。そのようなときには、まず本書で法律上求められる内容を確認し、実情と照らし合わせてどう対応すべきか検討してください。しかし、実務においてどのようにすべきかわからなくなってしまったり、労働基準法以外の法律上の問題はないのか不安になることもあると思います。

　そのような場合には、ぜひ専門家である社会保険労務士に相談してみてください。弊所では、「ＨＲ（人事部）に安心、情報、ソリューションをプラスする」というコンセプトのもと、どうすれば労務トラブルを未然に回避することができるのかという視点で最適なご提案をさせていただいています。

　本書と私ども社会保険労務士が皆さまの「働き方」をよりよく、適正に変える一助となりましたら、これに勝る喜びはありません。

　最後に、本書の出版にあたりご尽力くださいましたアニモ出版の小林良彦様、アドバイスをくれた弊所代表社員の佐藤広一先生、相談しあった大谷源樹先生、協力してくれた川合凛さんに心からお礼申し上げます。ありがとうございました。

ＨＲプラス社会保険労務士法人
マネジャー／社会保険労務士　星野　陽子

著者プロフィール

佐藤広一（さとう　ひろかず）

特定社会保険労務士。ASIA　BPO　SERVICES　PTE.LTD（シンガポール現地法人）ディレクター、HRプラス社会保険労務士法人代表社員。

1968年、東京都出身。明治学院大学経済学部卒業、2000年、さとう社会保険労務士事務所（現HRプラス社会保険労務士法人）開設。人事労務パーソンにコミットした人事労務相談、コンサルティングを積極的に展開中。現地法人と連携して海外赴任者に対する賃金制度の設計、海外赴任規程の作成などを行なうほか、上場企業の社外取締役（監査等委員）および監査役を現任している。「日本経済新聞」「週刊ダイヤモンド」「週刊エコノミスト」など新聞・雑誌への寄稿・取材多数、SMBCコンサルティング、日本能率協会、労務行政などで講演を行なっている。

主な著書に、『管理職になるとき　これだけは知っておきたい労務管理』『東南アジア進出企業のための海外赴任・海外出張の労務と税務　早わかりガイド』（以上、アニモ出版）、『御社の就業規則　この35カ所が危ない！』（中経出版）、『泣きたくないなら労働法』（光文社）など多数ある。

星野陽子（ほしの　ようこ）

埼玉県出身。東洋大学経済学部卒業。2014年、社会保険労務士試験合格。一般企業の営業職、法律事務所の秘書を経て、さとう社会保険労務士事務所（現HRプラス社会保険労務士法人）に入所。コンサルティング業務、顧問先企業の給与計算・手続き業務に従事するほか、労働力の需給調整、主に労働者派遣法に関する業務を得意としている。

共著書に、『給与計算事務　最強ガイド』『社会保険事務　最強ガイド』『図解でわかる労働者派遣　いちばん最初に読む本』（以上、アニモ出版）などがある。

大谷源樹（おおたに　もとき）

社会保険労務士。シニア産業カウンセラー。1962年、神奈川県出身。上智大学法学部卒業。1986年、リース会社に入社後、人事部門、融資営業部門、銀行出向などを経験し、2017年4月、HRプラス社会保険労務士法人に入所。HRプラス人事労務研究所にて、人事コンサルティング業務とともに、企業向けのハラスメント研修・メンタルヘルス研修などを行なっている。

ＨＲプラス社会保険労務士法人

東京都渋谷区恵比寿を拠点に、「HR（人事部）に安心、情報、ソリューションをプラスしていく」というコンセプトのもと、全国のクライアントに対し、人事労務に関するコンサルティングを行なっている。人事労務パーソンの立場に立った人事労務相談、就業規則や諸規程の整備、IPO支援、M&A、海外進出支援、社会保険事務のアウトソーシングなどを展開。品質と信頼を担保するために、担当するスタッフ全員が社会保険労務士有資格者。24時間以内のクイックレスポンスを堅持。プライバシーマークの取得、FORTIGATEの実装、入退室ログ管理システムの導入など、万全のセキュリティ体制でマイナンバー制度へも対応している。
著書に、『労災保険の実務と手続き 最強ガイド』（アニモ出版）がある。
URL　https://ssl.officesato.jp/

ずかい　ろうどう き じゅんほう　　　　　　さいしょ　よ　ほん
図解でわかる労働基準法 いちばん最初に読む本

2019年5月20日　　初版発行

著　者　ＨＲプラス社会保険労務士法人
発行者　吉溪慎太郎

発行所　株式会社アニモ出版
　　　　〒162-0832 東京都新宿区岩戸町12 レベッカビル
　　　　TEL 03（5206）8505　FAX 03（6265）0130
　　　　http://www.animo-pub.co.jp/

©HR Plus Social Insurance and Labor Advisors Corporation 2019
ISBN978-4-89795-225-3
印刷：文昇堂／製本：誠製本　Printed in Japan

落丁・乱丁本は、小社送料負担にてお取り替えいたします。
本書の内容についてのお問い合わせは、書面かFAXにてお願いいたします。

すぐに役立つ　アニモ出版　実務書・実用書

管理職になるとき これだけは知っておきたい労務管理

佐藤広一 著　定価 本体1800円（税別）

労働法の基礎知識や労働時間のマネジメント、ハラスメント対策から、日常よく発生する困ったケースの解決法まで、図解でやさしく理解できる本。働き方改革も織り込んだ決定版。

図解でわかる労働者派遣 いちばん最初に読む本

佐藤 広一・星野 陽子 著　定価 本体1800円（税別）

難解なしくみの労働者派遣について、派遣業務の基礎知識から届出・手続きのしかたまで、派遣元・派遣先の実務がやさしくわかる。改正・労働者派遣法にもとづく最新・決定版！

図解でやさしくわかる！
給与計算事務　最強ガイド

【改訂2版】佐藤広一・星野陽子 著　定価 本体1600円（税別）

毎月の給与計算事務から年末調整まで、すぐに役立つ親切ハンドブック。給与明細書をひも解くイメージでやさしく解説しているので、誰に聞かなくても１人でできるようになる本。

図解と書式でやさしくわかる！
社会保険事務　最強ガイド

【改訂2版】佐藤広一・星野陽子 著　定価 本体1600円（税別）

保険料徴収事務から給付手続きまで、すぐに役立つ親切ハンドブック。知りたいことがすぐに引けて、記載例付き届出書も満載だから、誰に聞かなくても１人でできるようになる本。

定価には消費税が加算されます。定価変更の場合はご了承ください。